Carsten Gerlitz

POP CHOR

fast 1001 Tipps zur Chorleitung

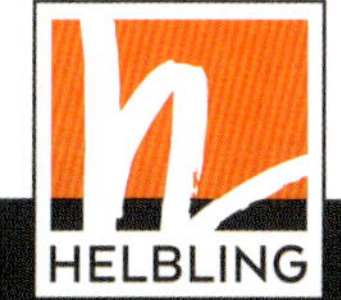

Interviewbeiträge:

INHALT

DIE IDEE

„Wenn Du ein Schiff bauen willst, dann trommle nicht Männer zusammen, um Holz zu beschaffen, Aufgaben zu vergeben und die Arbeit einzuteilen, sondern lehre die Männer die Sehnsucht nach dem weiten, endlosen Meer."

Antoine de Saint-Exupéry

DIE IDEE

Wer liest heute noch ein ganzes Buch über Chorleitung? Fachbücher beruhigen beim Kauf zunächst wunderbar das eigene Gewissen und landen dann aber doch oft nach wenigen gelesenen Seiten und einem interessierten Durchblättern des Restes im Regal. Vielleicht auch gerade, wenn es im Buch um etwas sehr Praktisches, wie hier das Chorleiten, geht, was da trocken, theoretisch abgehandelt wird. Nein, neue Anregungen möchten sofort ausprobiert und gute Tipps umgesetzt werden!
Die Idee kam beim Joggen: Warum nicht eine Tipp-Sammlung zum Thema Popchorleitung zusammenstellen, ganz ohne Zwang an den Leser, seitenweise ganze Kapitel studieren zu müssen. Wie wäre es, wenn ein Chorleiter, auf der Suche nach neuer Inspiration, abends vor dem Schlafengehen noch ein, zwei neue Ideen bekommt, oder direkt vor der Chorprobe noch ein paar sachdienliche Hinweise? Der schnelle Rat zur guten Tat ... mal eben zwischendurch. Allesamt immer mög-

lichst kurz und knackig gehalten, passend zum Zeitalter von *Tweets* und 140-Zeichen-Statements. Wenn selbst Staatspräsidenten dieses Format nutzen, warum denn nicht auch wir Dirigenten!?

Die Ideen und Tipps sind das Ergebnis meiner eigenen Chorarbeit, aber auch Erfahrungen, Beobachtungen und Schlussfolgerungen aus vielen Workshops und Probenhospitationen. Bei mir funktionieren diese Methoden und Ansätze prima. Aber vielleicht gibt es Leser, die einiges ganz anders sehen? Ich freue mich über Rückmeldungen und Diskussionen! Und weil ein *Best-of* aus *verschiedenen* Zauberkästen noch spannender und besser ist, habe ich viele befreundete und geschätzte Chor- und Workshopleiter, Popchorspezialisten aller Couleur um Antworten zu 11 Popchor-relevanten Fragen gebeten. Und um Hörtipps! Tauschen wir uns aus und lernen wir voneinander. Allein alle Plattenempfehlungen durchzuhören macht viel Spaß.

Es hätte vielleicht auch für einen Kalender getaugt: Jeden Tag eine gute Idee, 365 Tipps für Popchorleiter!? Aber dann wäre der entscheidende helfende Hinweis zum Einsingen vielleicht erst im November gelesen worden, obwohl das Konzert schon im Juli war? Daher lieber so, als Buch, als Sammlung zum Immer-mal-wieder-reinsehen, zum Stöbern und Nachschlagen. Ab damit auf den Nachttisch, in das Handschuhfach vom Auto, das zur Chorprobe transportiert, oder notfalls auch als Lektüre für den stillen Ort. Hauptsache immer mal kurzweilig zwischendurch. Das war die Idee zum Ideen-Buch.

Wiederholen sich einige Tipps? Das kann gut sein, dass es hie und da thematisch Überschneidungen gibt, da es doch immer die gleichen Sachen sind, die es zu beachten gilt, auch wenn der Weg dahin unterschiedlich ist. Aber das macht nix, weil: ein paar Punkte kann man gar nicht oft genug erwähnen! Wir Chorleiter kennen dieses Phänomen aus der Probenarbeit ja gut genug.

Ein Wort zur selbstverständlichen Geschlechtergleichheit: Wenn im folgenden Text von Sängern, Chorleitern, Choristen usw. die Rede ist, dann meint das natürlich immer auch alle Sängerinnen, Chorleiterinnen und Choristinnen. Damit der Text sich nicht in *political-correctness*-Schreibweise mit *SängerInnen* und *Chorist*innen* verheddert, wird wild gemischt und auf jeweilige Doppelnennung verzichtet. Es möge sich bitte keine Seite benachteiligt fühlen, weder Frau noch Mann.

EINIGE GEDANKEN ZUM EINSTIEG

EINIGE GEDANKEN ZUM EINSTIEG

Verkaufen! Verkaufen!

Als Zuschauer eines klassischen Konzerts beobachte ich das Miteinander-Musikmachen von Orchester bzw. Chor und Dirigenten. Die Musiker sind fixiert und konzentriert auf ihr Instrument, ihr Spiel und auf den musikalischen Leiter. Als Zuhörer und Zuschauer genieße ich es, diesen Musizierprozess zu beobachten. Ich erwarte z. B. nicht von einem zweiten Geiger, dass er sich mit cooler Geste zum Block D umdreht und seine 16tel-Läufe feilbietet.

Ganz anders bei der Popmusik: Ich *erwarte*, dass der Künstler mich quasi direkt anspricht und dabei auch viel von seiner Persönlichkeit preisgibt. Diese Musik berührt eben gerade weil es eine Zwiesprache zwischen Bühne und Zuhörern gibt. Ja, gute Popkonzerte brauchen auch immer ein gutes Publikum.

Für einen Popchor gelten diese Prinzipien ebenso: Kein Fixiertsein auf den Dirigenten, sondern von der Bühne hinunter „verkaufen" und präsentieren, individuell mit persönlichem Charme und, wie es im Englischen treffend heißt: *Guts*.

In der Theatersprache spricht man vom Öffnen der „vierten Wand", der unsichtbaren Trennwand zwischen Bühne und Zuschauern – was für eine fürchterlich harte Bezeichnung! Was beim Sprechtheater ein sehr besonderer

ANDERS EDENROTH

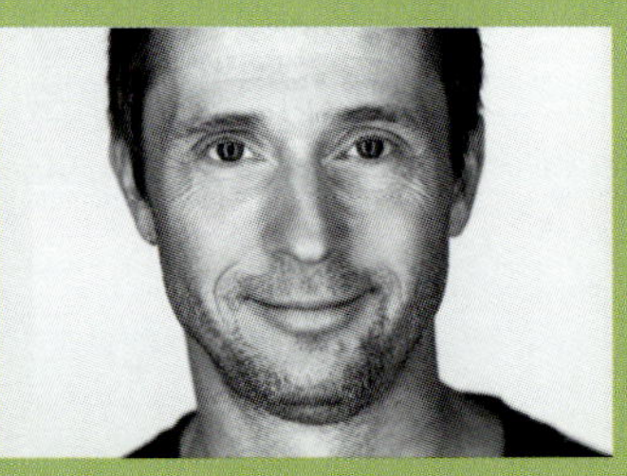

ist Gründungsmitglied, Arrangeur und Sänger der legendären **Real Group**. In Stockholm geboren, begann er früh mit Klavierunterricht und Chorsingerei. An der *Royal Academy of Music* fand und gründete sich später das berühmte Vokalquintett. Für die Real Group wurde dort extra ein neuer Studiengang gegründet. Seit 1984 definiert die Gruppe weltweit die Messlatte für in unterschiedlichsten Aspekten perfekten A-cappella-Gesang. Anders schrieb und arrangierte viele Stücke, die mittlerweile zum Repertoire vieler Popchöre gehören. Er schreibt auch für Big Bands, Orchester und Bühnenshows. Mit der Real Group nahm er über 20 Alben auf und tourte durch über 40 Länder.

Das sage ich meinem Chor kurz vor dem Auftritt ... die letzten Worte vor dem Einsatz:
„Habt Spaß da draußen!"

Daran denke ich beim Schlussakkord eines Stückes:
Lasst uns noch was singen, es macht Spaß!

Welche A-cappella-Aufnahmen sollte man unbedingt gehört haben:
Das lässt sich schwer beantworten, es gibt einfach zu viele und ich kenne nicht *alle*.

Ein sachdienlicher Tipp bei rhythmischen Herausforderungen im Chor:
Zuerst sollte man erkennen, ob es wirklich ein rhythmisches Problem ist, oder ob der Chor nur nicht fest auf dem Metrum sitzt. 90% der Timing-Probleme sind bedingt durch eine fehlende Verbindung zum Puls, zum Metrum. Die restlichen 10%, weil die Sänger die *subdivisions* (8el bzw. 16tel) nicht richtig gut fühlen bzw. nicht mit ihnen verbunden sind.

... und einer zur Intonation:
Im Kreis stehen, Auge in Auge, um die anderen besser zu hören. Alle Sänger konzentrieren sich auf eine Stimme, z. B. den Alt, und folgen deren (wechselndem) Tempo und deren Dynamik. Und: Spannung im Zwerchfell *bevor* man anfängt zu singen! Viele Intonationsschwächen passieren durch zu wenig Zwerchfell[unter]stützung.

Was bedeutet Groove für dich?
Wenn ich rhythmische Strukturen höre, einzeln oder wenn sich verschiedene über- oder gegeneinander (komplementär) aufbauen. Und wenn diese *tight*, sehr genau und präzise erklingen, das ist Groove, und es ist auch ein bestimmtes Gefühl, eine Grundhaltung zur Musik.

Für einen guten Groove braucht man primär nicht Mund und Stimme, sondern die Ohren!

Meine liebste Einsingübung:
Sanftes, leises Lippenflattern auf Glissandi. Das gelingt am besten mit leichtem Druck durch die Finger auf den Wangen.

Das macht für mich einen guten Chor aus:
Gute, positive Energie. Sänger, die auf gleichem Level motiviert sind und gute Arrangements!

Das macht für mich ein gutes Chorkonzert aus:
Ein schöner Saal mit guter Akustik, ein nettes Publikum, ein gut einstudierter Chor, eine tolle Präsentation der Stücke und auch der Übergänge zwischen den Songs und Choristen, die merklich Spaß haben auf der Bühne und nicht nur irgendjemandem imponieren wollen.

Das möchte ich singen:
This list is way too long. Life is way too short:-)

Diese drei CDs nehme ich mit auf die einsame Insel:
Stevie Wonder, *Songs in the key of Life*. Das passt! Es ist ein Doppelalbum.

und seltener Moment ist, sollte bei Popchorkonzerten Standard sein: Mr. Chorleiter, tear down this wall!

Das macht mich an!

Etwas verkürzt resümiert: In der klassischen Musik steht oft primär Klang im Vordergrund. Im Pop geht es natürlich auch um den Sound, aber der Text und seine Botschaft sind viel essentieller als in der Klassik! Denke man z. B. an die kleinen Stories und Lebensdramen der Singer-Songwriter. Die meist hochemotionalen Pop-Liebes-Balladen ... wünschenswert ist ein ungekünstelter und purer Chorgesang. Gemeint! Kein Parfum, kein Kitsch. Das geht am besten, wenn die Artikulation und Phrasierung beim Singen sich an der natürlichen Sprache orientiert. Bei deutschen Texten noch mehr als bei englischem Pop.
Jede gesungene Phrase gilt es immer wieder zu überprüfen: Wirkt das echt, ehrlich und gemeint? Von allen? Oder klingt es aufgesetzt, mehr nach „wir singen das, weil der/die da vorne das will". Berührt der Vortrag? Und wenn nicht, lässt sich das durch bessere Phrasierung und natürlichere Artikulation verbessern?

Und nach der Probe?

Rennen alle sofort auseinander, oder gibt es ein gemeinsames „Nachglühen", einen Stammtisch? Anlässe gäbe es genug: Geburtstagslagen, Weihnachtsfeier, Sommersonnenwende, Grillabende ... Falls nötig, darf, nein *muss* der Chorleiter das anstoßen und etablieren. Der Effekt für den Zusammenhalt ist sehr wertvoll!

Bewegung!

Uns Deutschen ist die Lockerheit nicht immer mit der Muttermilch mitgegeben. Es tut daher gut, den Chor zu etwas Bewegung zu bewegen! Keine Choreografie, kein Tanz – aber wenn groovige Musik gesungen wird, möchte der Zuschauer das auch *sehen*. Andersfalls wirkt es aseptisch. Im Übrigen gehen viele Synkopen dann erst richtig mit Spaß und rhythmisch genau.
Den Chor beobachten: Regt sich bei jedem irgendein Körperteil, der Fuß, die Hüfte, die Finger, Arme ...? Ist der Puls der Musik im Körper erkennbar? Nicht tanzen, aber *rhythmisch rumstehen!*

Endsilben entlasten!

Es hilft sehr, bei der eigenen Vorbereitung, den Text einmal ganz frei und ohne den notierten Rhythmus zu sprechen. Welche Silben werden betont, welche Wörter hervorgehoben? Wie klingt eine natürliche Sprachmelodie? Damit die Phrasierung beim Singen nicht unnatürlich wird, hilft es meistens, die Endsilben leiser zu singen, abzuphrasieren (z. B. *Wol*ke, *lau*fen, *sin*gen, *Lie*be).
Als würde man mit einer Hand einen kleinen Ball hochwerfen: Nach einem leicht akzentuierten Beginn (hochwerfen und loslassen), wird der Ton immer leiser. Bei Worten mit einem Konsonaten-Ende (z. B. Zei*t*, Wal*d*), erklingt der Konsonant präzise in dem Moment, wenn der Ball wieder in der Hand landet. Aber bitte nicht unnatürlich, übertrieben und zu laut!

Übetracks

Viele Chöre nutzen aus dem Notensatzprogramm generierte MIDI-Spuren als Übetracks. Das vermittelt Tonhöhe und Rhythmus. Mehr aber auch nicht. Wenn die Spuren solo, ohne die anderen (leiser mitlaufenden) Stimmen erklingen, fehlt zudem der harmonische Zusammenhang. *Spooky*!
Wie wär es, sich für Übetracks mit einem Aufnahmegerät ans Klavier zu setzen und die jeweilige Stimme einzuspielen, zu singen und zu sprechen. Mit Zwischenansagen wie „hier atmen", „jetzt leise, mit Luft, hauchig", „Akzent!" etc. Auf dem Klavier erklingt als Begleitung dabei nicht unbedingt der originale Chorsatz, sondern der harmonische Extrakt, die Akkordbezeichnungen (*Changes*) des Stückes. Manchmal reicht der Grundton in der linken Hand.
So hören die Sänger nicht nur Melodie und Rhythmus, sondern auch den Text, die Phrasierung, Stimmfarbe und viele andere gestalterische Momente; und alles immer im harmonischen Sinn und Zusammenhang.

Das A-cappella-Universum …

Für einen Außenstehenden, Unwissenden muss die Popchorwelt mit all ihrer Dynamik, dem Hassel und all den Befindlichkeiten der Sängerseelen wie ein abgedrehtes Paralleluniversum aussehen. Vorsicht: Chor ist immer auch tendenziell Nerd-gefährdet, und wer sich auf der

Bühne zu wichtig nimmt und sich keinen Abstand zum großen Ganzen bewahrt, wirkt schnell skurril.

Auswendig!

Gibt es noch Popchöre, die mit Noten in der Hand singen? Leider ja. Für diese Musik ist das ein absolutes *Nogo*! Auch wenn viele unserer gealterten Pop-Idole heute mit Teleprompter auf die Bühne kommen und sogar Sting vor einigen Jahren in der Berliner Waldbühne den Text von *Fields Of Gold* vom Textblatt auf dem Schul-Notenständer (!) ablas (der ist wegen der Wiederholungen aber auch schwer zu merken!) ... Popmusik singt man bitte auswendig! Nicht nur, aber *auch* eben wegen der optischen Wirkung.
Meine eigenen Choristen musste ich übrigens nicht zwingen oder überreden. Es reichte vor vielen Jahren das Ansehen eines Videomitschnitts zur heilenden Selbsterkenntnis.

Gutes *phrasing*

Es gibt einige Sänger, die irre lässig und toll phrasieren. So, dass es die Aussage des Liedtextes maximal unterstützt. Frank Sinatra mag ich sehr. Und im Deutschsprachigen Udo Jürgens! Er *meint* jedes gesungene Wort, so intensiv ist seine Sprache! Aber auch Rio Reiser, Bosse, Christina Stürmer, Stefanie Kloß von Silbermond oder Liedermacher wie Reinhard Mey und Konstantin Wecker und so viele andere darf man unter diesem Aspekt analysierend anhören.

Heut lad ich mir mal Gäste ein!

Zuhörer bzw. Gäste in der Probe lassen den Chor konzentrierter singen. Es ist gefühlt ein Mikro-Auftritt für die Sänger, selbst wenn es nur eine Person ist. Man möchte sich nicht blamieren. Die konventionelle, manchmal gefährlich-vertraute Probensituation wird wunderbar belebt und aufgebrochen. Sicher wird es weniger unruhig sein, es wird weniger geredet werden.
Die *Beatles* luden sich auch aus diesem Grund in den letzten Bandjahren gerne Besuch in ihre Proben und Aufnahmen ein!

Struktur!

Die Chorsänger fühlen sich sicher, wenn sie das Gefühl haben, dass es einen Plan gibt. Einen Plan für die kommende Zeit, die aktuelle Probe, die Jahresgestaltung mit Konzerten und Auftritten. Nichts ist nerviger und energietötender als das Gefühl, dass der oder die „da vorne" selber nicht weiß, was als nächstes passieren soll und wird.
Es lohnt, sich vorab eine gute Dramaturgie für die Probe zu überlegen: Womit beginne ich, was singen wir als letztes Stück, welches Ass habe ich im Ärmel, falls der Chor ermüden sollte ...
Den Ablauf der Probe kann man zu Beginn dem Chor auch mitteilen. Dann wissen die Sänger, was sie erwartet und die Chorleitung zeigt sich vorbereitet und strukturiert.
Aber auch ein knackiges Konzertprogramm braucht Struktur: Opener, Finale vor der Pause, generell der Spannungsbogen in der Songfolge (laut/leise, lustig/ernst, deutsch/anderssprachig, Ballade/Up-tempo etc.), Entreacte (ein Begriff aus der Musicalwelt, der die erste Nummer nach der Pause meint), Final-Finale und Zugaben ...
Wo „versteckt" man die schwächeren, vielleicht noch unsicheren Nummern? Wo benötigt der Chor mal eine Erholungspause? Wie ist die Tonartenabfolge?

Ich weiß, was ich will

In der Probenvorbereitung überlege ich mir die Atemstellen, die Phrasengestaltung, die Dynamik und ggf. Zäsuren und trage sie mir in meine Noten ein. Bei Rückfragen von Sängern („Wo atmen wir da?") kann ich so stets kompetent antworten.

Das wichtigste Wort der Phrase

Ein Satz verändert durch das Hervorheben eines Wortes schnell seinen Sinn: *Was willst du denn schon wieder?* meint mit jedem betonten Wort etwas völlig anderes (z. B. *Was* willst du denn ... vs. Was willst *du* denn ...). In der Probe kann jeweils ein Wort als Phrasenhöhepunkt bzw. -ziel definiert werden.

Im Chor verstecken?

Die Gruppe gibt mir Schutz und Sicherheit. Mit allen zusammen traut Mann und Frau sich auf die Bühne: „Die

JENS JOHANSEN

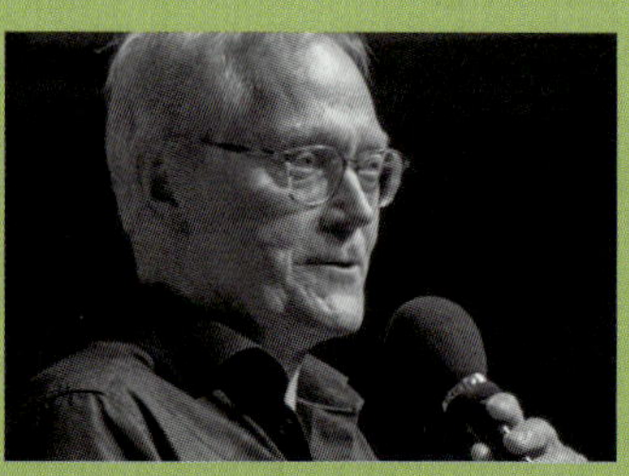

ist Gründer und Leiter von **Vocal Line**, einem der wohl besten und bekanntesten Popchöre weltweit. Er hat eine Professur für Musikwissenschaft an der dänischen Royal Music Academy in Aarhus inne, an der er studierte. 1991 gründete er aus dem Wunsch heraus, die Entwicklung des „rhythmischen Chorgesangs" in Dänemark voranzutreiben, den berühmten Popchor. Ausgangspunkt war nordische Chormusik gemischt mit Pop, Rock und Jazz. Als gefragter Coach und Dozent gibt Jens Johansen Kurse, Workshops und Seminare für Chorsänger und Dirigenten in aller Welt. Im Laufe der Jahre hat er zahlreiche Kompositionen und Arrangements veröffentlicht. Er ist langjähriges Vorstandsmitglied von KOR 72 und Hauptorganisator sowie Vorsitzender des Aarhus Vocal Festivals, dem größten Festival für moderne rhythmische A-cappella-Musik des Nordens.

Das sage ich meinem Chor kurz vor dem Auftritt ... die letzten Worte vor dem Einsatz:

Wir rappen gemeinsam Al Jarreaus *Boogie Down*: „Now you go one and two and three, here's a little step for you and me, come and strut your stuff but leave enough for the nearest boogie, and truest boogie woogie."
Das haben wir in den letzten 27 Jahren vor jedem Konzert getan, und wir werden es weiter pflegen, solange ich der Leiter von Vocal Line bin! Es gibt uns viel Energie und das Gefühl, dass wir das gemeinsam durchstehen!

Daran denke ich beim Schlussakkord eines Stückes:

Schade, dass es vorbei ist! Ich liebe meinen Chor! Wie wird jetzt das Publikum reagieren?

Welche A-cappella-Aufnahmen sollte man unbedingt gehört haben:

Ich habe viel durch das Hören der besten Gesangsgruppen gelernt: The Real Group, Rajaton, Bobby McFerrin, um nur einige meiner Favoriten zu nennen. Zum Arrangieren: Studiere die brillante Orchestrierungstechnik von Gustav Mahler und Brahms und die Chorwerke von J. S. Bach.

Ein sachdienlicher Tipp bei rhythmischen Herausforderungen im Chor:

Energie: Beginne noch mal ganz von vorn mit einem soliden, steten Puls, auch im Körper. Halte immer das gleiche Tempo. Zerlege den Rhythmus in kleine Teile und mach es den Choristen vor. Nicht zu viel drum herum reden – vormachen und dann gleich nachmachen lassen.

… und einer zur Intonation:

Es gibt so viele Möglichkeiten. Eine, die ich oft benutze: mit offenen Akkorden eine Oktave höher auf dem Klavier begleiten (nur Grundton und Quinte). Außerdem den Klang aufhellen und auf den *Blend* achten, auf die Obertöne hören.

Was bedeutet Groove für dich?

Wenn der Chor sich wie ein großer Organismus fühlt und jeder das gleiche Gefühl der Downbeats und der Subdivisions und nicht zuletzt der Artikulationen und der Phrasierung hat.

Meine liebste Einsingübung:

Ich habe viele. Aber ich beende die Aufwärm-Session immer mit „echter" Musik in einfacher Dreistimmigkeit, ohne Noten, nach Gehör. Dann verändere ich die Vokale, die Klangfarbe und die Dynamik.

Das macht für mich einen guten Chor aus:

Gute und engagierte Sänger und ein visionärer und demokratischer Dirigent ☺

Das macht für mich ein gutes Chorkonzert aus:

Sänger, die gerne auftreten und eine gute Präsenz auf der Bühne haben.

Das möchte ich singen:

Songs, die eine gute Geschichte erzählen. In der Regel finde ich solches Repertoire bei den besten Singer-Songwritern.

Diese drei CDs nehme ich mit auf die einsame Insel …

Peter Gabriel, *USA (live);*
James Taylor, *One Man Band* und
Gustav Mahlers Symphonien;
Entschuldigung, keine Vokalmusik ;-)

gucken nicht *mich* an, die gucken den *Chor* an ...!", denkt sich unterbewusst mancher Sänger und liegt damit völlig falsch. Es ist heilsam, regelmäßig daran zu erinnern, dass jeder Konzertbesucher immer genau *einen* Chorsänger beobachtet. Also nix mit dem sicheren Versteck! Jeder Chorist sollte auch in der Gruppe die Präsenz eines Solisten haben ... Eben für den Fall, dass gerade jemand guckt.

Du bist gut!

Ich sehe so oft Chorleiter, die im subjektiv empfundenen Stress der Probensituation nach einer gestellten Aufgabe (z. B. „Macht da bitte auf der Note einen Akzent!") nach dem Durchsingen vergessen, eine Rückmeldung zu geben. Eine gute Pädagogik besteht aber aus vielen kleinen, leicht erfüllbaren Aufgaben, die immer direkt mit einem Lob, einer positiven Reaktion belohnt werden. Ein kurzes *gut!* oder *toll!* reicht. Dann sind die Sänger motiviert, haben Spaß und freuen sich auf die nächste Aufgabe.
Auch wenn es noch nicht perfekt war, hilft das positive Feedback: „Bravo! Das war schon ganz gut! Jetzt, beim nächsten Mal achten wir bitte auch noch auf ..."

„Und wehe, mich guckt einer an!"

Das ist einer meiner Lieblingssätze zum Chor als letzte-Worte-vor-dem-ersten-Ton-im-Konzert. Es soll den Chor spaßig und etwas überspitzt daran erinnern, dass die Sänger nicht für mich, sondern für das Publikum singen mögen.
Überspitzt, weil: Die Sänger sehen mich natürlich mit einem Augenwinkel und wenn es knifflig wird mit Rubato, Fermaten, Abschlägen oder Schlüssen, gucken sie mich auch direkt an. Dennoch: Lieber nach vorne raus!

Warum nur, warum?

Bei der Stückauswahl sollte man sich immer auch die Frage beantworten: **Warum** soll sich das mein Publikum überhaupt anhören? Ist es eine völlig abgedrehte Neufassung eines bekannten Klassikers? Eine Überraschung? Unerwartet? Gibt es Pointen und was zu lachen? Hat der Text eine wichtige Aussage? Ist es etwas bisher Unerhörtes? Gibt es tolle vokale Effekte oder

Klangflächen, die verzaubern? Passt es in die Gesamtdramaturgie eines Konzertprogramms? Warum singen wir das?

Du-dut bau dm ...

Klangsilben benutzen die Poparrangeure gerne um Begleitstimmen wie Instrumente klingen zu lassen. Am Anfang war das *bom* im Bass. Das machten schon die Comedian Harmonists, später die *doo-wop*-Sänger und dann die King's Singers (*THE BEATLES' COLLECTION*, nach wie vor eine essentielle Scheibe für alle A-cappella-Popchorleiter). Allen gemein war die Idee, die Klangsilben als Effekt zu nutzen und dabei nicht auf Textinterpretation zu achten (sic!). *Bom* also immer kurz, wie ein gezupfter Bass. Das *doo* meist mit leicht perkussivem *d*, damit es eine rhythmische Kontur gibt (wenn gewünscht). Das *t* bei *doot* spricht man nicht als *t* sondern es meint, dass der Ton sehr definiert (groovy) aufhört. Ein englisches *bow* klingt eher wie ein deutsches *bau* und eben nicht wie *boooffff*. Im Idealfall sind die Klangsilben bei englischen Titeln in Englisch (*doo, bow, woo, ooh*) und bei deutschen in Deutsch (*du, bau, wuh, uh*).
Generell gilt aber: Kreativ umgehen mit Klangsilben. Was nicht passt, ändern! Mit den Klängen experimentieren. Nichts klingt blöder, als ein Chor, der akkurat *du-bau-dimm* singt; so, als sei es ein Gesetzestext.

Verboten!

In Berlin gibt es einen Gitarrenladen in dem ein Schild hängt, das besagt, dass beim Ausprobieren und Anspielen der Instrumente folgende Stücke ... **nicht** erklingen dürfen!
Das, was da humorvoll zum Schutz der Angestellten Gesetz ist, dürfen Chöre gerne in ihre Überlegungen zur Stückauswahl einfließen lassen. Ja, es gab eine Zeit, in der *alle* Billy Joels *The Longest Time* sangen ... und dann Cohens *Hallelujah*. So schön diese Hits auch sind, viel spannender ist ein individuelles Programm mit Neuem, Eigenem, Unvorhersehbarem, als wenn alle Chöre ähnliche oder gar identische Titel singen.

DEKE SHARON

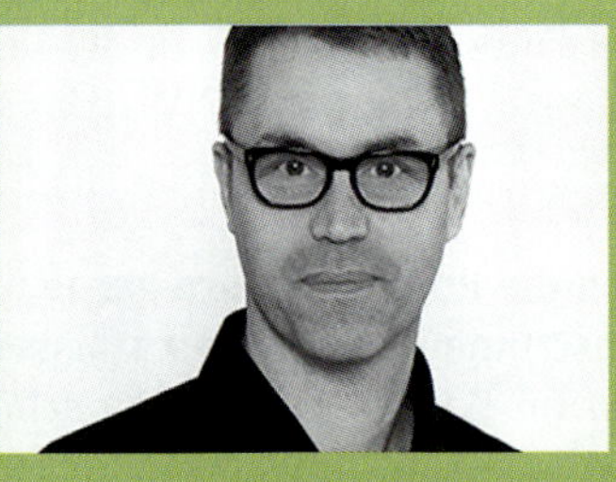

wird der „Vater des modernen A-cappella-Gesangs" genannt. Geboren in San Francisco, steht er seit seinem 8. Lebensjahr auf Bühnen und singt, coacht, leitet und arrangiert. Weit über 2000 Songs hat er bearbeitet und mehrere Bücher über Vocalarrangements geschrieben. Er war der *Vocal producer* bei den **Pitch Perfect**-Kinofilmen und bei dem TV-Format **The Sing-Off** (USA, Holland, China und Südafrika). Er produzierte viele bekannte Vokalensembles (u. a. **No Chaser**, **Committed**, **Street Corner Symphony**) und stand u. a. mit Ray Charles, James Brown und Pavarotti auf der Bühne.

Das sage ich meinem Chor kurz vor dem Auftritt ... die letzten Worte vor dem Einsatz:

Wenn man auf die Bühne geht, ist es wichtig, dass alle in der *„zone"* sind – nicht zu überdreht, aber auch nicht zu *mellow*. Je nach Bedarf muss ich den Chor etwas wachrütteln oder – wenn sie zu aufgeregt sind – lasse die Sänger durchatmen und fokussieren. Das ist besonders wichtig, wenn wir in einem Wettbewerb singen und nur diese eine Chance vor der Jury haben.

Bevor wir einen neuen Song auf die Bühne bringen, spreche ich mit dem Chor in der Probe über die Emotion und die Aussage des Liedes. Wir suchen eine kurze Beispielphrase, die das gut ausdrückt. Mit dieser Phrase erinnere ich sie kurz vor dem Einsatz auf der Bühne. Das hilft dem Chor in die richtige Stimmung zu kommen und die Verbindung zum Publikum zu suchen, anstatt sich Sorgen um Töne und Rhythmus zu machen.

Daran denke ich beim Schlussakkord eines Stückes:

Bitte haltet die Spannung bis zum Schluss, damit der Akkord einen guten Nachklang in der Konzerthalle hat und sich nicht „bitter" färbt. Selbst die leichteste Entspannung der Tonhöhe könnte den Chor am Ende matt erklingen lassen. Dann achte ich darauf, dass meine Sänger den letzten Ton auch genießen. Schließlich ist es mir wichtig, dass alle den Applaus wahr- und annehmen. Der Chor hat, während er gesungen hat, mit den Zuschauern kommuniziert und sollte dem Publikum nun die Chance geben, darauf zu reagieren.

Welche A-cappella-Aufnahmen sollte man unbedingt gehört haben:

Es gibt so viel tollen A-Cappella, dass eine Liste eigentlich unmöglich ist. Ich würde empfehlen in dieser Reihenfolge anzuhören: Sweet Honey in the Rock, The Persuasions, The King's

Singers, The Swingle Singers, The Singers Unlimited, Manhattan Transfer, The Bobs, The Nylons, Bobby McFerrin, Ladysmith Black Mambazo, Take 6, Tufts Beelzebubs, Rockapella, The House Jacks, The Real Group, Chanticleer, The Gas House Gang, Straight No Chaser, Naturally 7, Rajaton, VoicePlay, Vocal Rush, Street Corner Symphony, Pentatonix, Peter Hollens, Home Free. Und dann sind da noch die vielen großartigen deutschen Ensembles wie Maybebop und die Wise Guys ... Hier höre ich lieber auf, andernfalls vergesse ich jemanden. Ja, und natürlich – hatte ich beinahe vergessen – Das Sound Machine, die beste deutsche A-cappella-Gruppe überhaupt!

Ein sachdienlicher Tipp bei rhythmischen Herausforderungen im Chor:

Noten weglegen und dem Chorleiter lauschen, der es richtig vormacht! Unser Notensystem mit den fünf Linien wurde von Guido von Arezzo um 1000 n. Chr. für den gregorianischen Gesang entwickelt und nicht um komplexe Rhythmen zu notieren. Viele Laiensänger werden durch Noten nur unnötig verwirrt und abgeschreckt. Für sie ist es viel einfacher die Rhythmen hörend zu erlernen und zu verinnerlichen.

... und einer zur Intonation:

Jeder Ton hat vier Dimensionen: die Frequenz (Tonhöhe), die Amplitude (Lautstärke), die Dauer (Rhythmus) und die Klangfarbe (bedingt durch die Obertöne).

Klingt ein gesungener Akkord unsauber, kann das an falschen Tonhöhen liegen, aber eben auch an den Lautstärkenverhältnissen: Der Grundton sollte am lautesten sein, gefolgt von Terz und Quinte. Alle Akkordzusätze leiser! Dann kann es auch an der Dauer liegen (ungenaue Einsätze können den Akkord „ausfransen“ und es schwer machen, dass sich die Töne richtig ausrichten und feinjustieren) oder an der Klangfarbe (Wenn jeder einen anderen Vokal singt, z. B. unterschiedliche Vokalfärbungen beim *uh*, passen am Ende die Obertöne nicht zusammen. In diesem Sinne ist auch bei Diphthongen darauf zu achten, dass der Vokalwechsel gemeinsam und einheitlich erfolgt).

Was bedeutet Groove für dich?

Alle musikalischen Bestandteile orientieren sich an dem gleichmäßigen, steten Puls. Damit das mit einer ganzen Gruppe von Sängern gelingt, sollten alle den Puls irgendwie verkörperlicht haben – z. B. mit dem Zeh den Takt treten, leicht hin und her schaukeln oder mit den Knien wippen. Und wenn ein Sänger doch einmal singend aus dem Rhythmus kommt, rettet ihn die körperliche Bewegung und hilft, wieder in den Groove zu kommen.

Meine liebste Einsingübung:

Circle-Gesang, im Stil Bobby McFerrins. Gern lasse ich die Sänger nach und nach eigene Patterns erfinden. Nicht mehr als acht Schichtungen. Entweder denkt sich jeweils einer aus

jeder Stimmgruppe etwas aus oder wir singen Round-Robin: Die Sänger stehen im Kreis und jeweils ein Solist tritt in die Mitte und singt seine neue Idee.
Ich habe ein Buch mit spaßmachenden Einsingeübungen veröffentlicht (*A Cappella Warm-Ups: for Pop and Jazz Choirs*, erschienen bei Hal Leonard).

Das macht für mich einen guten Chor aus:
Die Sänger! *That's it!* Du brauchst keine Instrumente, keine Noten. Du kannst alles durch Vor- und Nachsingen und Zuhören lernen und beibringen. Oder man singt Circle Songs wie Bobby McFerrin. Es braucht keine abgefahrenen Bühnenkostüme, keine Podeste, keine Mikros – gesungene Akkorde sind pur, rein akustisch am wirkungsvollsten. Alles, was es wirklich braucht, sind die Menschen!

Das macht für mich ein gutes Chorkonzert aus:
Sänger, die ehrlich, offen und mit Gefühl singen. Ich höre lieber einen Gospelchor der *out of tune*, also schief, aber mit viel Herz singt, als einen perfekten, ausdruckslosen Chor. Das Wort *Amateur* kommt von *Amour*, dem französischen Wort für *Liebe*. Gruppen, die mit Liebe singen, sie sind unwiderstehlich – sei es beim Singen im Kindergarten oder wenn meine Nachbarn gemeinsam Weihnachtslieder anstimmen.
Natürlich ist gute Intonation wichtig, aber sie ist eben nicht alles, so wie eine gute Rede nicht nur von korrekter Grammatik und ihr Vortrag nicht nur von der perfekten Artikulation jedes einzelnen Wortes abhängt.

Das möchte ich singen:
Ich habe keine Liste zum Abhaken. Wenn ich etwas finde, das ich tun möchte, setze ich es auch um. So viele Songs sind noch ungesungen, ich habe das Gefühl, wir haben gerade erst begonnen an der Oberfläche der vielen Möglichkeiten zu kratzen, mit all den neuen vokalen Techniken und Arrangierideen die sich gerade entwickeln.

Diese drei CDs nehme ich mit auf die einsame Insel:
Oh, das ist hart ... hm ... Beethovens *6. Sinfonie* (Bernstein), *Girl From Ipanema Box Set* von Antonio Carlos Jobim, *Here's To Life* von Shirley Horn.
Morgen sehe ich das mit Sicherheit wieder ganz anders ...

16tel üben!

Etwas vereinfacht ließe sich zusammenfassen: Unsere Elterngeneration wuchs „in Vierteln“ auf. Für viele Sänger der älteren Jahrgänge sind daher bereits einfache Achtelsynkopen eine große Herausforderung. *Wir* wurden „in Achteln groß“ und müssen nicht selten für eine vorgezogene 16tel Extraübezeit einkalkulieren. Unser Nachwuchs wird mit einer Popmusik groß, die aus vielen komplexen 16tel-Rhythmen besteht. Entsprechend groove-sicher singen die Jüngeren.
Chorleiter, die mit 16teln Schwierigkeiten haben, sind gut beraten, sie regelmäßig zu üben. Wer nicht fühlen kann, muss zählen! Denn in der Probe sollte ich die Rhythmen selber stets richtig und auch noch locker, groovy vormachen können.
Es gibt nur drei 8el-16tel-Kombinationen:

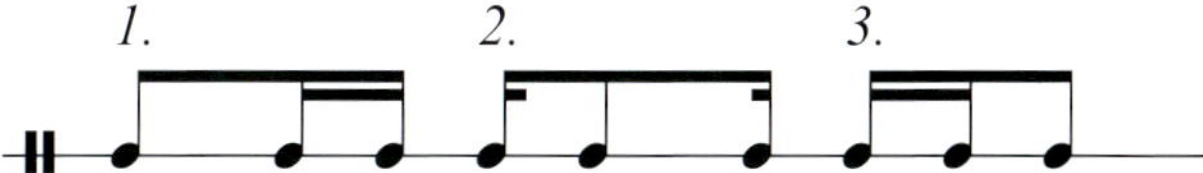

Sind diese Bausteine sicher im Groove-Zentrum des Gehirns gespeichert und erkennt sie unser Auge auch schnell genug in den Noten, sollte das Klopfen, Klatschen oder Sprechen eines längeren 16tel-Rhythmus leichter gehen ...

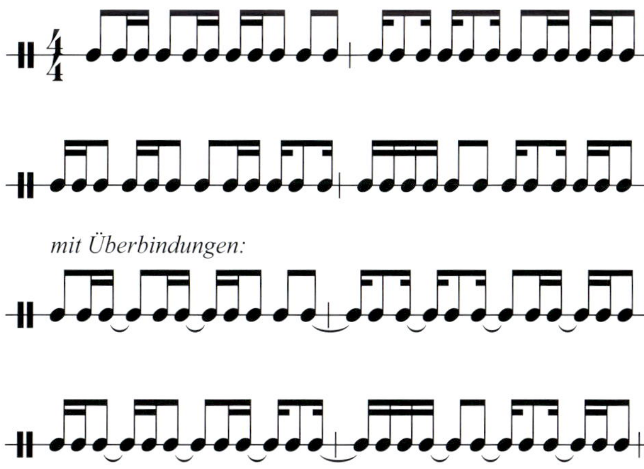

Synkopen-resistent?

Nicht jeder Chorist kann eine trickige, offbeatige Rhythmusstelle gleich *tight* vom Blatt singen. Macht nix! Dafür sind Proben da. Aber es gibt Rhythmen, die so vertrackt sind, dass sie der Chor vielleicht nie wirklich sicher beherrschen wird!?! Gerade ältere Menschen haben mit den Betonungen der leichten Zeiten manchmal unüberwindbare Schwierigkeiten. So wie es beim Tanzen selten aber doch *Bewegungslegastheniker* gibt, sind manche Sänger einfach *synkopenresistent.* Lösung: Rhythmisch leichtere Literatur singen. Den Chor nicht überfordern, das frustriert.

Authentizität

Wirkt jeder meiner Choristen auf der Bühne authentisch? Man merkt sich die Ecke, das Individuelle, das Andersartige und gern auch das Unperfekte. Man stört sich an einer schiefen Intonation (*Girls Just Wanna Have Fun* ... Flat Cindy, oder die tiefe Flöte bei *California Dreaming,* Adeles Absage an den Auto-tune), oder man liebt es, aber es bleibt hängen!
Singt Tom Waits *schön*? Erfüllte Joe Cocker ein ideales Klangideal? Die oft brüchigen, hauchigen Stimmen von Joni Mitchell oder Norah Jones. Es berührt uns, eben weil es so eigen und authentisch ist. Wie wunderbar, wenn sich der Chor eine oder besser viele ganz eigene Noten bewahrt.

Uncoverbar!

Viele Popsongs sind so eng mit den Interpreten verknüpft, dass es *ihre* Songs sind! Eine Coverversion verbietet sich. Z. B. *Der Weg* von Herbert Grönemeyer ist ein derart intimer, persönlicher Text ... Für mein Empfinden ist das kein Song für ein Popchorkonzert.

Direkt ins Herz!

Gesang erreicht uns emotional viel direkter und schneller als jedes Instrument. Stimme berührt sofort. Die beste Voraussetzung für Chor! Der beste Grund mehr zu singen!

ONE MORE THING ...

Anfängerfehler (FMM, *frequently made mistakes*)

- Schnipsen auf eins und drei (dafür kommt man laut Angaben der Jazz-Polizei in die Hölle)
- bunte Tücher umhängen (wenn das alles ist, hm ...)
- rote Hosenträger und lila Fliegen, jedenfalls nach meinem Geschmack
- mit einem 80-Kehlen-Chor *My Way* singen
- ein klassischer Diphthong (siehe Seite 132)
- generelles Glottis-Verbot: Einige Chorleiter halten da allzu fest an alten Vorschriften fest!
- schlechte englische Aussprache und ein *th* mit *s*-Anteil
- *twang*-freies Singen (siehe Seite 128)
- den Chor überfordern: an einem einfachen Kanon beim Einsingen zu scheitern, aber danach SSATB-Jazz singen zu wollen
- zu lange und unlustige Moderationen
- müdes Auf-die-Bühne-Trotten
- Notenmappen auf der Bühne
- schlechte Artikulation und dadurch unverständliche Texte beim Singen
- zu lautes Ansingen des ersten Akkordes beim Konzert
- private Momente der Sänger auf der Bühne zwischen den Liedern
- Hält die Spannung bis zum letzten Ton und noch drei Momentchen danach? Oder packen die Sänger innerlich schon im vorletzten Takt ihre „Sachen" ein?
- ein Salz-Säulen-Chor, der sich nicht bewegt
- als Sänger nur und ausschließlich den Dirigenten ansehen und das Publikum nicht wahrnehmen
- der Chorleiter kann keinen präzisen Einsatz geben
- ohne Haltung auf der Bühne
- langweilige Phrasierung
- alles laut singen
- der Chorleiter weiß nicht was er bzw. sie will
- Fühlen alle den Groove? Oder nur der Chorleiter?
- die Sänger hören sich nicht oder aber sie hören sich, aber hören sich nicht zu
- überhaupt: *My Way* singen oder andere „heilige Kühe schlachten"

OLIVER GIES

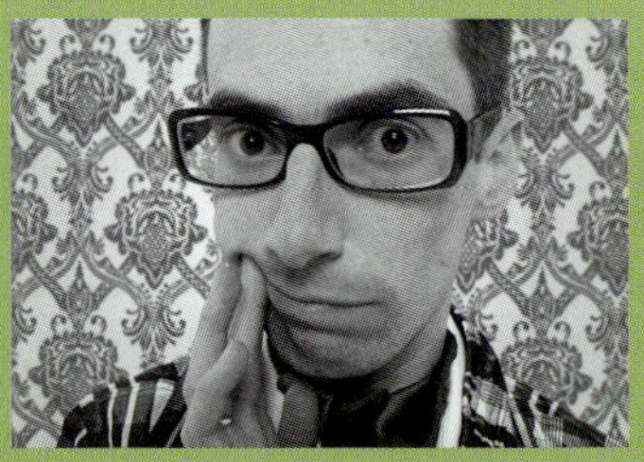

ist in Rotenburg/Wümme aufgewachsen. Nach dem Abitur studierte er Mathematik und Schulmusik in Hannover und Komposition/ Arrangement Jazz/Rock/Pop in Essen. Er ist Gründungsmitglied und kreativer Kopf der A-cappella-Formation **Maybebop** mit Konzerttätigkeit im gesamten Bundesgebiet und zählt zu den führenden Arrangeuren der deutschen Chorszene. Oliver Gies lebt mit Partnerin und zwei Kindern in Hannover.

Das sage ich meinem Chor kurz vor dem Auftritt ... die letzten Worte vor dem Einsatz:
10 Minuten vorm Auftritt gehe ich mit der Gruppe die Setlist durch – und zwar anhand der Stimmungen, die die Songs haben bzw. rüberbringen sollen. Im Schnelldurchgang werden da mitunter krass gegensätzliche emotionale Zustände im Körper abgerufen. Wenn es dann auf die Bühne geht, zählt nur noch: „Habt Spaß!"

Daran denke ich beim Schlussakkord eines Stückes:
... einundzwanzig, zweiundzwanzig, dreiundzwanzig ... So, JETZT ist das Stück zu Ende.

Welche A-cappella-Aufnahmen sollte man unbedingt gehört haben:
Puh, solche „das MUSS man gesehen haben"-Tipps mag ich nicht, das sollte jeder halten dürfen, wie er will. Die älteren Vocal Line-Aufnahmen haben der hiesigen Szene vorgeführt, wie Popchor klingen kann – das ist vielleicht nach wie vor eine Referenz. (Die jüngeren Aufnahmen gehen dagegen immer mehr in Richtung „große Vocal Group" – das mag beeindruckend sein, ist aber nicht mehr mein Ding.) Sehr gut gefallen mir die CDs vom Detmolder Hochschul-Ensemble Pop-Up (Ltg. Anne Kohler), weil sie mit echtem Chorklang Pop-Attitüde vermitteln.

Ein sachdienlicher Tipp bei rhythmischen Herausforderungen im Chor:
Viele Chöre, zu denen ich zum Coaching eingeladen werde, singen Stücke, die ihnen rhythmisch zu schwer sind. Klar, es muss bei der Aufführung nicht um jeden Preis alles haarklein genau dort sitzen, wo es hingehört, aber z. B. Stevie Wonders *As* aufzulegen, wenn der Chor nicht ansatzweise geschult ist, mit 16tel-Synkopen-Ketten umzugehen, geht einfach zwangsläufig nach hinten los. Für richtiges rhythmisches Empfinden braucht es lange konti-

nuierliche Übung. Da habe ich mir von manchen Chorleitern schon mehr ehrliche Einschätzung bei der Song-Auswahl und mehr Zähigkeit beim Einstudieren gewünscht.

... und einer zur Intonation:
Pauschal greift nach wie vor: Schritte nach oben sind meist zu klein, Schritte nach unten zu groß – da ist auf des Menschen Bequemlichkeit einfach Verlass. Ich versuche immer, die Stimme über Emotionen mit Körperlichkeit zu versehen. Oft stabilisiert das die Intonation mehr, als wenn ich anfange, „Stütze" zu erklären.

Was bedeutet Groove für dich?
Es groovt, wenn mein Fuß automatisch zu wippen anfängt.

Meine liebste Einsingübung:
Alles auf *ng*.

Das macht für mich einen guten Chor aus:
Ein gesundes Verhältnis aus gewissenhafter Vorbereitung und losgelassener Lebensfreude.

Das macht für mich ein gutes Chorkonzert aus:
Ich will mitgerissen werden! Wenn ein Chor perfekt abliefert, ich aber nichts erlebe, bin ich rasend schnell gelangweilt.

Das möchte ich singen:
Immer wieder anderes.

Diese drei CDs nehme ich mit auf die einsame Insel:
Auf keinen Fall a cappella! Zurzeit vielleicht *'Round About Midnight* von Miles Davis, + von Ed Sheeran und *Quarter to Six* von Idan Raichel. Ändert sich aber ständig.

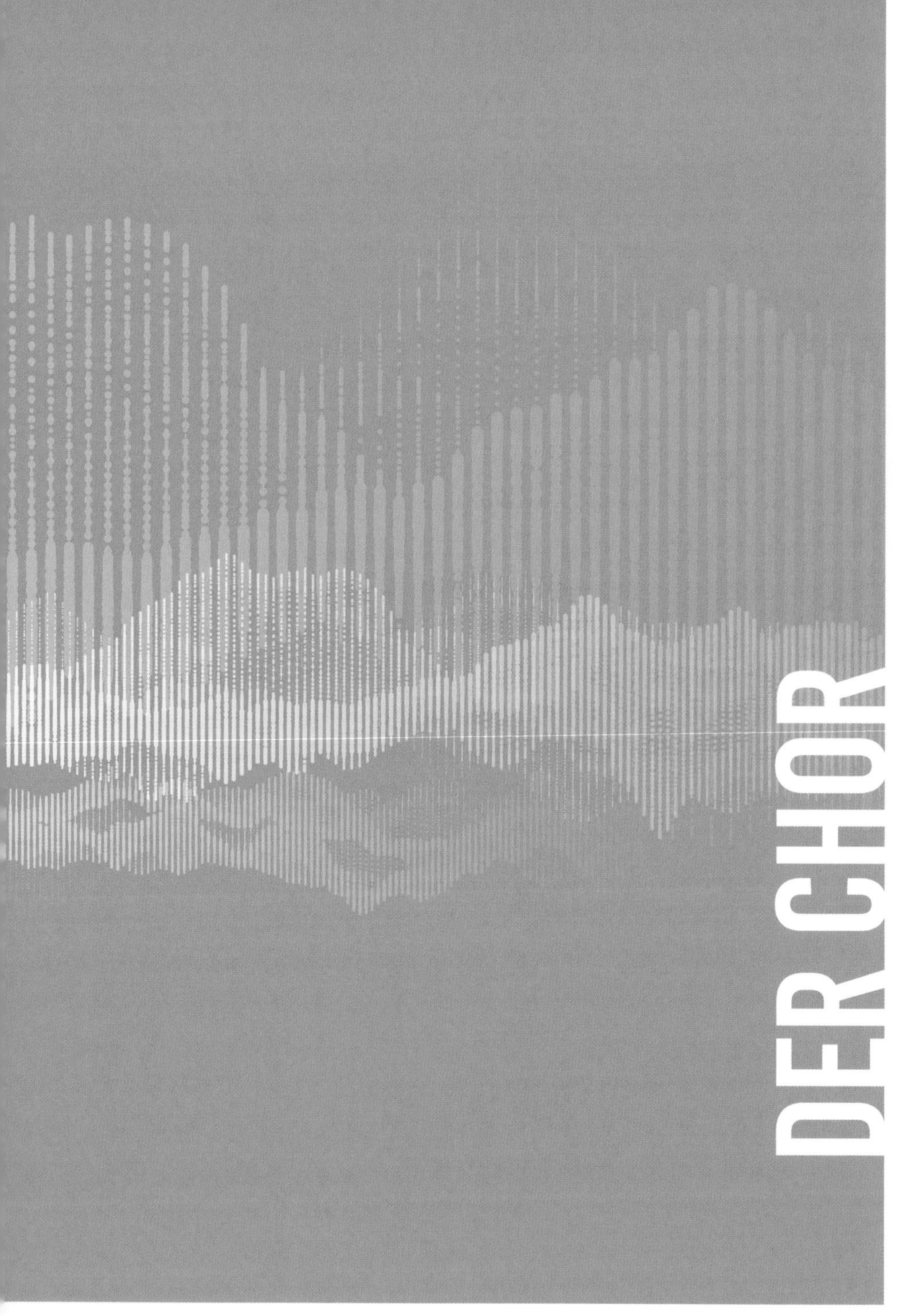

DER CHOR

DER CHOR

Ich bin ganz Chor!

Die Chormitglieder sollen sich mit dem Chor identifizieren können; im Idealfall individuell für *unersetzlich* halten. Umso mehr werden sie sich einbringen.

Was kann mein Chor?

Den Chor nie überfordern! Ein sauschweres Stück irgendwann endlich zu bewältigen, kann ein großer Schritt nach vorne sein, aber die Probenarbeit auch unnötig verlängern und die Sänger frustrieren. Und: Das Publikum soll vor Rührung weinen, nicht vor Schmerzen! Zudem singt der Chor nur locker und frei, wenn er „über der Sache stehen" kann.
A-cappella ist die Königsdiziplin, aber schon eine einfache Unisono-Melodie oder eine simple Zweistimmigkeit kann – emotional gestaltet und mit einem einfachen, coolen Pop-Piano (wie bei SCALA) oder einer Gitarre (wie z. B. bei der von YouTube bekannten Gruppe CHOIR!-CHOIR!CHOIR!) – große Wirkung haben! Keep it simple.

Meine coole Gruppe!

Sind alle Sängerinnen und Sänger stolz auf ihren Chor und zeigen das auch nach außen? T-Shirts, Facebook & Co., vielleicht Choraufkleber am Auto. CDs verschenken (DIE Alternative zur mitgebrachten Rotweinflasche bei Freunden!) ... Wer sich auch sichtbar öffentlich identifiziert, macht auch chorintern mehr und ... singt am Ende mit besserer Energie!

Dieses wundervolle Solo sang ...

Oft werden die Chormitglieder nicht explizit namentlich genannt. Das würde bei einer größeren Sangestruppe im Konzert (vergleichbar mit dem Vorstellen einer Popband) auch ausufern. ABER Solisten werden natürlich bitte immer vorgestellt UND alle Chormitglieder sind namentlich in Programmheften, auf CDs und selbstverständlich auf der Homepage genannt.

Kommunikation ist alles!

Gibt es einen Mailverteiler? Einen chor-internen Bereich auf der Homepage (passwortgeschützt), gibt es regelmäßige Chorrundschreiben (mit Terminen, Songauswahl, Beschreibung anstehender Projekte), eine Chor-WhatsApp-Gruppe, organisierte Telefonliste, Facebook-Seite, ein Probenprotokoll für die, die gefehlt haben, social media ... ?

Das schweißt zusammen ...

Konzerte und intensive Proben sind gemeinschaftsfördernd: gemeinsam zittern, aufgeregt sein, musizieren und dafür am Ende Applaus bekommen. Aber noch mehr wächst die Gruppe durch gemeinsame Reisen bzw. Chorwochenenden zusammen.

Was will der Chor singen?

Wer entscheidet über die Liedauswahl? Dürfen Choristen Vorschläge machen und Wünsche äußern? Bei Neueinstudierungen und auch bei Wiederbelebungen von älteren Stücken?! Oder ist es allein der Chorleiter-Wille? Eine Diktatur?
Vielleicht legt man eine chorinterne, offene Wunschliste an als etwas Chordemokratie, oder befragt sogar das Publikum?

In Erinnerungen schwelgen

Vielleicht sammelt jemand über die Jahre die besten Chorfotos von Auftritten, Reisen, Festen ... Dank der Digitaltechnik ist das kein großes Hindernis: Alles in den *Best-of-Chor-pix*-Ordner. Und vielleicht schenkt sich der Chor zum x-jährigen Bestehen selber jedem ein kleines Fotobuch. Als Erinnerung, Dokumentation des Erlebten und als große Motivation für Kommendes!

Aufgaben verteilen ...

Jeder, der im Chor etwas kontrolliert oder organisiert, ist noch unersetzlicher und wertvoller als alle anderen. Und es entlastet nebenbei die Chorleitung! Aufgaben gibt es genügend:

- Vor- und Nachbereitung des Proberaums
- Anwesenheitsliste
- Chorkasse
- Protokoll (Viele Chöre führen ein Probenprotokoll. Das macht großen Sinn für alle, die eine Probe versäumt haben. So weiß jeder, was wann geprobt wurde.)
- Vereinsorganisation, Finanzen, Sitzungen planen und einberufen
- Notenwart
- Organisationsteam für Konzerte (Räume, Bühne, Licht, Ton ...)
- Kreativteam für Konzertprogramme
- Bühnen-Outfit und Konzert-Dresscode ausdenken
- Dramaturgie (Programmgestaltung, rote Fäden für Konzerte, Moderation ...)
- soziale Medien (Facebook, Instagram, Twitter, Snapchat ...)
- Grafiker (Plakate, Programmhefte, Chor-Logo ...)
- Infopost-Mail-Verteiler, intern und extern (Werbung an Fans)
- Homepage gestalten und aktuell halten
- jemand, der die Proben mitschneidet und beste Momente herausschneidet und anschließend allen anderen zur Verfügung stellt
- Übe-CDs brennen
- Chor-internen Server verwalten: Mitschnitte, Übetracks, Noten, Fotos ...
- Merchandising (CDs, Infotexte und -mappen über die Gruppe)
- Werbematerialien herstellen lassen (Plakate, Flyer, Postkarten, Bleistifte, Aufkleber, Tassen, T-Shirts, Taschen ...)
- (Konzert-)Reiseplanung und Organisation
- Sponsoren werben
- Stimmführer
- Pressearbeit und Promo

KIRBY SHAW

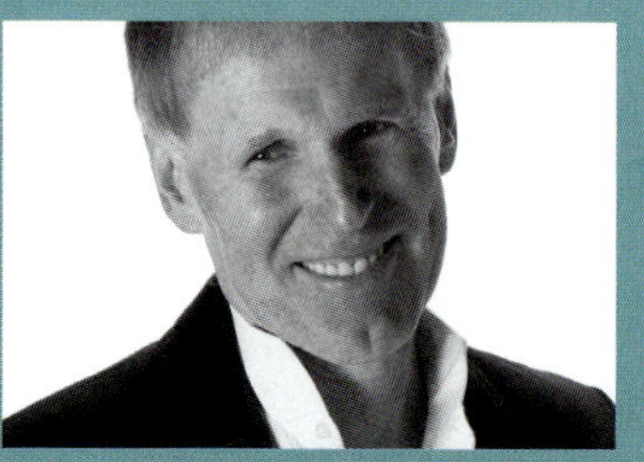

hatte großen Einfluss auf die Pop- und Jazzchorentwicklung und hat seine musikalische Fachkenntnis in unzähligen Ländern auf dem ganzen Erdball weitergegeben. Er studierte Chorleitung, Musikerziehung und Komposition an den Universitäten in San Jose und Washington. Er betreute die Aufnahmen von über 100 Alben mit Unterrichtsmaterialen, sang auf diversen Universitäts- und zwei eigenen Solo-Alben. Kirby singt im Jazz-Quartett **Just 4 Kicks**. Für seine Kompositionen erhielt er zahlreiche Preise (ASCAP). Er scattete mit Bobby McFerrin, Al Jarreau, Jon Hendricks (der einmal zu ihm sagte: „... Man, you don't make mistakes!") und Chris Calloway. Kirby veröffentlichte annähernd 3000 Arrangements und Kompositionen, die rund um die Welt gesungen werden! Seine Notenausgaben verkauften sich bisher über 20 Millionen Mal.

Das sage ich meinem Chor kurz vor dem Auftritt ... die letzten Worte vor dem Einsatz:
„Wache Gesichter bitte und seid ehrlich auf der Bühne und: Gebt alles!"

Daran denke ich beim Schlussakkord eines Stückes:
Bei einem Chorkonzert hoffe ich, dass alles in guter Balance und Intonation ist. Bei einem aktuellen Popsong hoffe ich immer, dass er überhaupt einen richtigen Schluss hat.

Welche A-cappella-Aufnahmen sollte man unbedingt gehört haben:
Es gibt mittlerweile zu viele Gruppen, die man erwähnen müsste, aber mit Sicherheit Singers Unlimited, Swingle Singers, Pentatonix und die King's Singers.

Ein sachdienlicher Tipp bei rhythmischen Herausforderungen im Chor:
Haben die Sänger den Rhythmus allein so lange wiederholt und geübt, dass er Teil ihrer DNA ist? Manchmal hilft es, Worte auf einen Rhythmus zu legen ... Aber am Ende hilft meist doch nur üben und oft wiederholen.

... und einer zur Intonation:
Manchmal hilft es, die Choraufstellung zu ändern. Die sicheren Sänger so zu verteilen, dass sie die schwächeren und unsicheren unterstützen können.

Was bedeutet Groove für dich?
Es sind die schier unendlichen Kombinationsmöglichkeiten von Rhythmus (wichtigster Bestandteil), Melodien, Harmonien, Liedtexten und Klängen, gesungen oder instrumental gespielt. Als Musiker, der in den USA lebt, empfinde ich unser Land als Groove-Haupt-

stadt des Universums! So viele Kulturen tauschen sich hier täglich aus, so viel Interaktion! Es ist wunderbar!

Meine liebste Einsingübung:

Etwas aus meinen *Warm-Ups for Pop, Jazz and Show Choirs* (erschienen bei Hal Leonard). Es ist ein Groove-Fest!

Das macht für mich einen guten Chor aus:

Wenn jeder Einzelne das Stück singen kann und auch wirklich trägt und sich jeder Chorist wünscht, intensiv zu proben. Man sollte allen ansehen, dass sie Spaß haben. In einem guten Chor bleibt das eigene Ego vor der Tür und alle sind bei allen Proben pünktlich und da!

Das macht für mich ein gutes Chorkonzert aus:

Das beantworten bereits die vorherige und auch die erste Frage. Darüber hinaus wünsche ich mir eine abwechslungsreiche Auswahl von verschiedenen Stilistiken und Grooves. Und wenn der Chor so singt, dass es dem Publikum unmöglich ist, sich zu langweilen. Daneben sollte der Gesichtsausdruck aller Sänger stets zum Inhalt des gesungenen Textes passen. Wer das nicht kann, ist unehrlich auf der Bühne ... ein Alptraum! Und wenn die verschiedenen Gesichtsausdrücke bis zum gewünschten Ergebnis vor dem Spiegel im Bad geübt werden – tut es! Männer haben das oft nötiger als die Frauen. Und auswendig! Notenmappen sind eine garantierte Blockade für eine gelungene Kommunikation zwischen Chor und Publikum.
Zum Auf- und Abtritt: Das Publikum sollte immer zweifelsfrei spüren, dass der Chor sich auf die Bühne freut. Der Dirigent sollte nicht vom Chor ablenken. Vielleicht wäre es besser am Rand der Gesangsgruppe zu stehen als *vor* ihr? In diesem Fall braucht es dann spezielle Absprachen mit den Sängern, damit sie das Dirigat trotzdem aus dem Augenwinkel wahrnehmen.

Das möchte ich singen:

Die Liste ist zu lang für diese Antwort, aber das wären einige Ideen:

- Songs mit guten, ausdrucksstarken Texten und Melodien (seit den 90ern geht das den Bach runter!). So viele groovige Sachen wie möglich, a cappella oder begleitet.
- Immer auch ein Blues-Stück (z. B. *Route 66* für die Anfänger).
- Folk, Jazz, Rock, Doo-Wop, Gospel, Funk, Motown ... die Liste hört nicht auf.

Diese drei CDs nehme ich mit auf die einsame Insel:

Lasst mich vier mitnehmen (es ist fast unmöglich, sich zu entscheiden) ...
Singers Unlimited, *A Capella*;
Stevie Ray Vaughan, *Texas Flood*;
Doobie Brothers, *Best of The Doobies* ...
und Earth, Wind and Fire, *Super Hits*;

Stimmgruppenverantwortlicher

Was für ein Titel! Aber eine gute Idee von Julian Knörzer, der in seinem Chor jeweils eine Sängerin bzw. einen Sänger jeder Stimmgruppe (die Zuverlässigsten!) beauftragt jeden, der gefehlt hat, über die Änderungen und Absprachen zu informieren.

Wie viele Tenöre sind beim nächsten Auftritt da?

... ist eine ziemlich destruktive Fragestellung. Sie macht den Einzelnen scheinbar entbehrlich, wenn nur genügend andere aus seiner Riege da sind. Wir Chorleiter wollen doch aber im Grunde immer 100%! Als Gruppe (im Sinne der Anwesenheit) und auch von jedem Sänger (im Sinne von Energie und Präsenz). Das kann nur klappen, wenn ich den Chor als Ensemble betrachte: Beim Streichquartett kann auch niemand fehlen! Jeder ist unersetzlich! Das Fehlen einzelner Sänger bei Chorevents sollte bereits bei der Planung als ganz große Ausnahme definiert werden – auch, wenn es in der Praxis dann (leider doch) öfter die Regel ist ... Das (Chor-)Leben ist ein Kompromiss.

Der intelligente Chor

In der klassischen Chorleiterausbildung wird oft gelehrt, dass der Dirigent alles zeigen soll: Hat z. B. der Alt drei Takte Pause, möge ich ihm danach den Einsatz geben. Warum eigentlich? Kann der Alt nicht selber die drei Takte auszählen? Wenn ich alle Aufgaben für meine Sänger selber löse, erziehe ich die Gruppe zur Unselbstständigkeit.

Das Ziel sollte ein Ensemble sein, in dem jeder seine Sache selbstbewusst in die Hand nimmt, mitdenkt, erinnert, gestaltet, meint und interpretiert.

Nicht alles vorkauen! Ab ins tiefe Wasser – los, lernt schwimmen! Im Notfall rette ich euch, aber erst mal probiert es jeder selbst.

Seid ihr alle da?

Probendisziplin ist wichtig, und das Fehlen und Zuspätkommen nervt, zieht Energie und bremst! Die Comedian Harmonists verlangten von sich zu Beginn des letzten Jahrhunderts fünf Mark pro versäumter Minute (!) für die Ensemblekasse. Das war damals ein Vermögen! The Real Group verteilt „Verspätungspunkte", die bei

Erreichen einer bestimmten Höhe in einer Essens-Einladung (selbst gekocht!) aller Mitglieder abgegolten werden, gute Idee! Bei einem Chor könnte man das z. B. als Getränke-Chipslagen nach der Probe etablieren. Wer sechsmal gefehlt hat, bringt eine Sekt- und/oder Schokokussrunde mit.
Wer nicht mit „Strafen" disziplinieren möchte, versucht es vielleicht mit Transparenz: Ich veröffentliche jährlich gruppenintern die Fehl- und Verspätungstage aller Mitsänger. Das hatte stets große „erzieherische" Wirkung. Vielen Choristen war zudem gar nicht bewusst, *wie* oft sie fehlten oder zu spät kamen.

Chorsingen ist gesund!

Der Wissenschaftler Dr. Ian Lewis hat im Online-Fachjournal *Ecancermedicalscience* von den Ergebnissen einer Studie berichtet, nachdem bereits eine Stunde gemeinsamen Singens im Chor die Stresshormone und Entzündungsmarker im Blut von Krebspatienten signifikant reduzierte.
Das darf man dem Chor immer wieder mitteilen: Wer immer pünktlich und regelmäßig zu den Proben kommt, bleibt gesund!

Es wirklich meinen!

Wissen alle um die Bedeutung des gesungenen Liedtextes? Oft haben Songs eine interessante, aber unbekannte Geschichte. Dieses Hintergrundwissen kann helfen, die Botschaft noch purer rüberzubringen. Im Netz nach *Songfacts* suchen! Es gibt sogar eine entsprechende Seite.

Der Chor ist der Star!

Im klassischen Konzert ist der Dirigent der Mittelpunkt. Er „bändigt" das große Orchester, er gestaltet, führt visionär – der Maestro! Bewundert auch um seine machtvolle Stellung und Ausstrahlung. Beim Popchor wäre es wünschenswert, wenn der Chorleiter nicht den Fokus des Publikums von den Sängern abzieht. Das Dirigat ist auch hier wichtig, nötig und unersetzbar: Einsätze, Abschläge, Tonangaben, Erinnerungen an Akzente oder Fermaten, kleine ad hoc-Korrekturen, Spannung halten und zeigen, Bögen, das Gestalten, Tempoänderungen ...

DAVID HURLEY

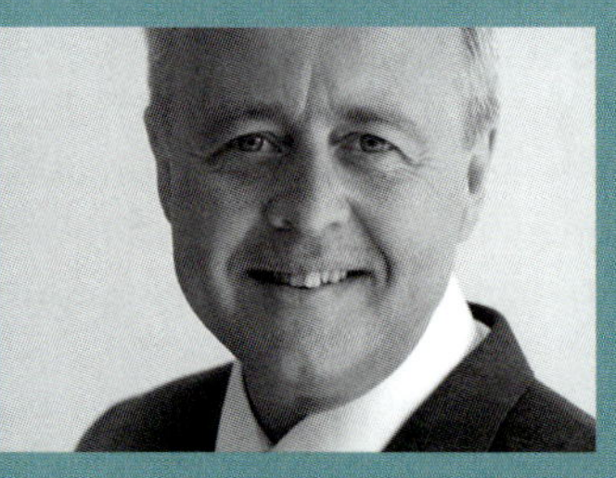

war 26 Jahre lang erster Countertenor der **King's Singers**. Er sang mit dem Ensemble in über 3000 Konzerten rund um den Erdball.
Mit 8 Jahren stellten ihn seine Eltern vor die Wahl ein Fußballspiel in Southhampton zu besuchen oder für den Chor der Winchester Cathedral vorzusingen. Der Chor siegte, das Vorsingen klappte. David war danach Chorschüler am New College in Oxford, studierte Geografie und kam 1990 zu den King's Singers.

Das sage ich meinem Chor kurz vor dem Auftritt ... die letzten Worte vor dem Einsatz:
Ich rede meistens nicht viel vor einem Konzert. Stattdessen gehe ich im Kopf nochmals meinen eigenen Part durch. Falls doch, es wäre so was wie „Habt Spaß!" oder „Keep smiling!". Ansonsten würde ich um einen Ton bitten, um mich auf die kommende Tonart einzustimmen.

Daran denke ich beim Schlussakkord eines Stückes:
Ich glaube an das, was ich während des ganzen Konzerts gedacht habe: Klingt es ausgewogen? Singen wir sauber? Passen die Vokale gut zueinander? Manchmal bin ich einfach glücklich, dass der Akkord gut klingt, oder dass der Auftritt rund war. Meistens denkt man schon an das nächste Stück. Eigentlich kann man sich nur bei der letzten Zugabe voll auf das Stück konzentrieren.

Welche A-cappella-Aufnahmen sollte man unbedingt gehört haben:
Ich finde, man sollte sich möglichst viele Gruppen anhören und sich so inspirieren lassen. In die engere Auswahl kämen die „Klassiker" der Comedian Harmonists, Singers Unlimited, Manhattan Transfer und die Swingles (auf jeden Fall *Jazz Sebastian Bach*). Ich liebe das erste Album von Take 6 (1988). In meiner Jugend hörte ich oft und gerne *Out of the Blue* von den King's Singers. Mittlerweile gibt es so viele tolle Gruppen, aber am besten gefallen mir die Alben, die nicht zu technisch klingen.

Ein sachdienlicher Tipp bei rhythmischen Herausforderungen im Chor:
Langsamer! Es kann sehr helfen, eine Stelle im ruhigeren Tempo zu proben. Auch hilft es, eine Stimme einzeln herauszunehmen und zu hören, oder wenn alle den Rhythmus sprechen.

Drei Ideen ... Aber solch einen Part einfach mal schnell reparieren? Das gelingt meistens nur mit etwas mehr Probenarbeit und braucht Zeit!

... und einer zur Intonation:

Den Klang nach und nach vom Bass aus aufbauen. Falls es kein simpler Akkord ist, die *Tensions*, die Zusätze zunächst herausnehmen und erst einmal das Grundfundament des Akkordes aushören. Wenn das sauber ist, diese Töne wieder nach und nach hinzufügen. Man sollte auch darauf achten, dass alle Vokalfärbungen homogen sind. Wenn es da Unterschiede gibt, klingt ein Akkord auch oft unsauber.

Was bedeutet Groove für dich?

Dieses Gefühl, wenn alle als Einheit zusammensingen, die Klänge und Rhythmen perfekt zusammenpassen und es sich plötzlich alles ganz locker und leicht anfühlt.

Meine liebste Einsingübung:

Summen. In der Mittellage beginnen und schrittweise den Tonumfang erweitern. Es ist das gesungene Pendant zum Dehnen der Muskeln vor dem Sport.

Das macht für mich einen guten Chor aus:

Stimmen, die sich gut mischen, und zwar im Klang aber auch in ihren sanglichen Fähigkeiten. Und die Bereitschaft, das eigene *vokale Ego* zu Hause zu lassen.

Das macht für mich ein gutes Chorkonzert aus:

Ich mag Abwechslung in den Musikstilen und den Tempi. Man möchte doch, dass sein Publikum während des Konzerts viele verschiedene Emotionen durchlebt. Und bitte nicht zu kopflastig: Wenn man den Zuhörern erst alles lange erklären muss, ist es wahrscheinlich zu kompliziert.

Dennoch: im Idealfall passiert das alles so „unsichtbar“, dass das Publikum sich ohne Ablenkung der Gruppe hingeben kann.

Chor, Singgruppe oder Ensemble?

Wie verstehen sich die Mitglieder in der Gruppe selbst? Als Teil einer großen, losen Gruppe: „Wenn ich Zeit habe, komme ich gerne zur Probe ...!“ – mit Absagen wie: „Nächsten Dienstag kann ich nicht, da gehe ich ins Kino!“ Oder hat das Proben und Auftreten stets erste Priorität? Eine *Singgruppe* bzw. *-gemeinschaft* ist weitgehend anonym, ein *Chor* schon definierter, nur ein *Ensemble* besteht aus lauter unverwechselbaren Mitgliedern. Auf niemanden kann verzichtet werden. Erst wenn *alle* da sind, ist das Ensemble singbereit ... Klar, das ist ein hehrer Gedanke und im Alltag sicherlich nicht immer haltbar, aber: Dienstags ist Chor! Kein Kinotag!

Cooler Maestro

Als Dirigent eines Popchors sollte ich nicht ausschließlich konventionell Taktieren. Ein klassisches Schlagbild sieht schnell „unsexy“ und uncool aus. Im Idealfall zeigt das Dirigat die essentiellen Einsätze und Zäsuren und strahlt daneben den Groove und Flair der Musik aus und unterstützt die Stimmung. Damit kann der Chorleiter oder die Chorleiterin auch für das Publikum ein positiver Eye-Catcher werden.
Es gibt einige Popchorleiter, denen ich sehr gerne zusehe, weil sie sich so individuell und pop-ästhetisch locker bewegen.

Frag nicht, was dein Chorleiter für dich tun kann ...

John F. Kennedy trat seine Präsidentschaft an mit dem Aufruf zum Mitmachen, Mitdenken und Aufwachen: Frag nicht, was dein Land für dich tun kann! Frag, was *du* für dein Land tun kannst!
In der traditionellen Chorleiterausbildung lernt man oft, dem Chor *alles* zeigen zu müssen: Einsätze, Bögen, Gestaltung ... Aber das impliziert auch eine Entmündigung der Sänger. Es lohnt, die Choristen zu Selbstständigkeit zu motivieren. Ein Chor, der von sich aus singt, wirkt viel cooler, als eine Gruppe, die nur artig ihrem Leithammel folgt.

Terminfindung

Sucht der Chor nach einem Termin für ein Konzert, Probentag oder für eine Reise, macht man das heute in der Regel per Internet mit *Doodle*. Vorteil: Jeder, der sich einträgt, kann abschätzen, ob sein *NEIN* die Abstimmung signifikant beeinflusst und das Projekt ggf. gefährdet. Nach meiner Erfahrung sind die Absagen bei *Doodle*-Umfragen häufiger, als wenn ich in der Probe mit allen die Termine bespreche. Die Hemmschwelle für ein *NEIN* scheint da höher zu sein.

Es kann keiner fehlen ...

..., sonst wären wir unvollständig! Bei meinen Sängern trägt jeder einen großen weißen Buchstaben auf dem schwarzen Shirt. Nebeneinander gestellt ergibt das mal den Chornamen (was für ein wunderbarer Zufall, dass die Anzahl der Buchstaben mit der Mitgliederzahl identisch ist!), durch Umstellen aber auch diverse andere Wörter, jeweils passend zum aktuellen Song. Da *kann* ganz einfach keiner fehlen! Hurra – alle sind unentbehrlich! Sogar das Leerzeichen.

DER PROBERAUM

DER PROBERAUM

Sound

Wie klingt der Proberaum? Enge, tiefe Decken, Teppich und viele Möbel schlucken jede Reflektion. Der Raum klingt trocken, ohne Nachhall. Da macht das Singen keinen Spaß. **Ein bisschen Hall muss sein!** Ein guter Raumklang motiviert, kann aber auch verwöhnen! Aber Vorsicht: Wenn der Chor immer nur in perfekter Akustik probt und dann beim Konzert plötzlich anders, womöglich schlechter hört, kann das ein frustrierender Auftritt werden.

Ausstattung

Was steht alles im Proberaum? Klavier, E-Piano oder ein Flügel? Ein Kühlschrank für die erfrischenden Getränke danach? Eine Tonanlage mit Mikros (und einem Hall-Effekt) und Anschlussmöglichkeiten, um Playbacks oder Hörbeispiele anzuhören? Stühle ohne seitliche Armlehnen? Knarr-freier Boden? Und hoffentlich verstärkt der Boden einen dezent takttretenden Fuß nicht zu einer dominanten Bass Drum!?

Klavier oder Flügel?

Ein Klavier bildet mit der aufrechten Wand eine blöde Barriere zwischen der Chorleitung und den Sängern. Über den geschlossenen Flügel kann man drüber gucken. Am besten eignet sich im Grunde ein dezentes E-Piano, welches keine Sicht nimmt.

Erreichbarkeit

Gibt es genug Parkplätze vor Ort? Öffentliche Verkehrsmittel? Zentrale Lage? Eine Überdachung bzw. einen Vorraum, falls es mal regnet und jemand warten muss, weil er zu früh da ist?

Licht

Ist der Proberaum hell genug? Gibt es Fenster mit Tageslicht? Genug Licht ist die Voraussetzung für wache Choristen und gutes Notenlesen.

Luft

Lässt sich der Proberaum zwischendurch schnell durchlüften? Lassen sich die Fenster öffnen? Ein Chor verbraucht viel Sauerstoff und wird dann müde!

Wärme

Gibt es eine Heizung und ist der Proberaum bereits zu Beginn der Probe warm genug?

Platz

Ist genug Platz, um den Chor in verschiedenen Aufstellungen singen zu lassen? In Reihen, sitzend und auch mal im großen Kreis? Kann ich als Chorleiter in einer Raumecke aus der Entfernung lauschen?

Probebühne

Im Idealfall gibt es eine kleine Bühne, auf der sich vor Konzerten die Auf- und Abtritte proben lassen. Hier kann der Chor die Situation *vor Publikum* simulieren und trainieren.

Das sage ich meinem Chor kurz vor dem Auftritt... die letzten Worte vor dem Einsatz:
Bevor es auf die Bühne geht, würde ich ein kleines „Ritual" halten, eine gemeinschaftliche Aktion, die nicht unbedingt verbal sein muss. Ähnlich, wie sich Sportmannschaften auf das Spiel vorbereiten.

Daran denke ich beim Schlussakkord eines Stückes:
Eigentlich fühle ich mehr etwas, als dass ich denke ...

Welche A-cappella-Aufnahmen sollte man unbedingt gehört haben:
Both Sides Now von Perpetuum Jazzile und alle Alben von Vocal Line.

Ein sachdienlicher Tipp bei rhythmischen Herausforderungen im Chor:
Den Puls klatschen, den Rhythmus *energetisieren* (singen ohne spezielle Tonhöhe, aber mit der gleichen Haltung, als würde man singen), dann anders herum: den Puls singen und den Rhythmus klatschen. Dadurch verstehen die Sänger die grundlegende Verbindung von Puls und Subdivisions, und bekommen ein Gefühl dafür, wie sie sich körperlich an verschiedene Tempi, Stile usw. anpassen.

... und einer zur Intonation:
1. Den problematischen Abschnitt einen Halbton höher singen und dabei auf dem Klavier Grundton und Quinte jedes Akkordes spielen. Die Sänger sollen dabei aufs Klavier hören, nicht auf die anderen Choristen.
2. Dann einen Halbton tiefer als das Original singen, wiederum mit leeren Quinten am Klavier.
3. Nun in der Originaltonart singen, wiederum mit Quintbegleitung. Tipp: Nicht viel reden bei der Übung. Das reißt die Sänger aus dem harmonischen Zusammenhang.

PEDER KARLSSON

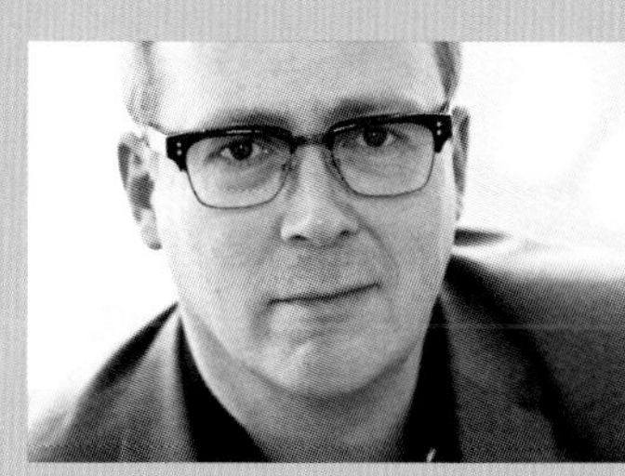

wurde in Stockholm geboren und wuchs in Gröndal auf. Er studierte an der Musikschule in Stockholm Arrangement und Komposition, ist Sänger, Komponist, Organisator und Gitarrist. Er war Gründungsmitglied der legendären **Real Group** (1984) und sang bis 2010 in der Gruppe den Baritonpart. Peder lebt in Umeå und arbeitet als freischaffender Dirigent.

Es geht darum, das muskuläre Gedächtnis auf diese Weise aufzufrischen. Viele Chöre singen auf Autopilot. Diese Übung lockt sie aus ihrem gewohnten Umfeld.

Was bedeutet Groove für dich?

Zunächst sollte jeder Sänger gut im Puls verankert sein, mit einem Ganzkörperbewusstsein! Das Gefühl, wie sehr jede Bewegung mit Gravitation verknüpft ist; ganz egal, ob dabei geklatscht oder getanzt wird. Gleicht die Stimme an die Körperbewegungen an – nicht umgekehrt.
Im nächsten Schritt sollte man körperlich, instinktiv und musikalisch verstehen, wie die Subdivisions mit dem Puls verknüpft sind. Akzente, rhythmisch schwierige Stellen – alles. Das geht nicht rein intellektuell. Groove kann man nicht erklären. Du musst es auf konkrete Weise erfahren: durch Singen oder Durchspielen – in der Regel für mehrere Stunden – mit anderen Musikern, die den Groove eines speziellen Songs oder Musikstils verkörpern. Irgendwann wird der Groove dann in deinem körperlichen und musikalischen Bewusstsein verankert sein.

Meine liebste Einsingeübung:

Ich verbinde vieles in den Warm-Ups. Es gibt keine spezielle Art des Einsingens, die ich bevorzuge. Ich gestalte gerne jedes Einsingen anders als bei den vorherigen Malen und gehe dabei nach Gefühl: Was braucht der Chor in dieser Probesession?

Das macht für mich einen guten Chor aus:

Geduldiges Proben bis die Sänger den Kern von Intonation, Rhythmus, Blend und Ausdruck verstanden haben. Ein mitunter kreatives Herangehen an die Chormusik, bei dem jeder Sänger eine wichtige Rolle beim musikalischen Austausch spielt, anstatt nur die Visionen des Chorleiters umzusetzen.

Das macht für mich ein gutes Chorkonzert aus:

Es hilft, von jedem Stück die ersten vier Takte anzusingen, um den Überblick über das ganze Programm zu bekommen. Bedenke, dass es eine Weile dauern kann, bis sich die Sänger an die neue Akustik gewöhnt haben. Faustregel: Die ersten 20 min in einem neuen Konzertort werden benötigt, um sich an die Situation zu gewöhnen. Also einfach zwanglos drauflos singen. Erst danach können ein, zwei Dinge in Erinnerung gebracht werden, die bei der letzten Probe schief liefen. Aber nicht mehr *proben*! Das Letzte, was die Sänger während des Konzertes machen sollen, ist es zu denken. Im Live-Auftritt geht es um nonverbalen Austausch, nicht um Denkprozesse. Die Sänger werden ohnehin 95% der letzten Anweisungen vergessen. Deine Arbeit muss bereits in den Proben geleistet worden sein, sodass die Sänger die Musik – intuitiv und physisch – verinnerlicht haben.

Das möchte ich singen:
Musik, die Menschen fesselt und die einzigartigen Fähigkeiten der Gruppe widerspiegelt.

Diese drei CDs nehme ich mit auf die einsame Insel:
Heavy Weather von Weather Report, eine Sammlung mit Musik von J. S. Bach und ein Best-of von Joni Mitchell.

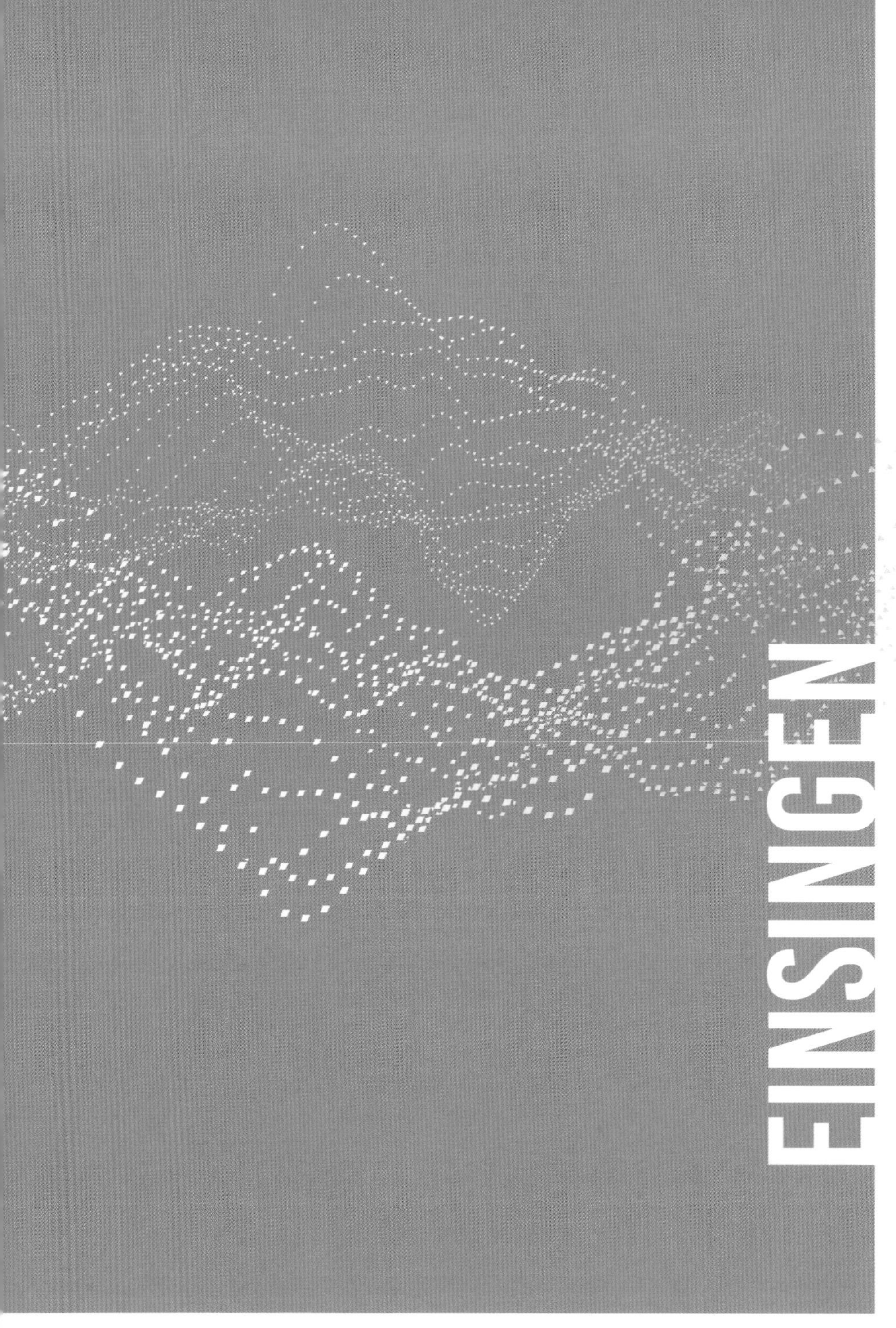
EINSINGEN

EINSINGEN

Einsingen ist ein so umfangreiches Thema! Die Tipps dafür würden allein mehrere Bücher füllen – und die gibt es bereits en masse. Ich mag sehr das liebevoll, aufwendig hergestellte Buch *Warm-Up-Arrangements* von Juan Garcia.
Aber es sollen auch hier einige Ideen vorgestellt werden. Daneben habe ich alle lieben Kollegen, die den Fragebogen beantwortet haben, nach ihrer persönlichen Lieblingseinsingübung gefragt. Spannend!

Wie lange soll sich ein Chor einsingen?

Das Einsingen soll die Sänger sammeln, wach machen und den Stimmapparat für die Probe aufwärmen. Es soll darüber hinaus mit entsprechenden Übungen ein kurzer „kollektiver Gesangsunterricht" (soweit das überhaupt geht und Sinn macht) gegeben werden: Atmung, Stimmsitz, Stütze, besser: ein Gefühl dafür etc. Und einige Übungen zum Hören und zur Intonation.
Mir persönlich ist die eigentliche Probenzeit so kostbar, dass ich stets ein kurzes Einsingen mache (max. 10 Minuten). Lieber nehme ich mir am konkreten Stück nochmals Zeit für entsprechende Übungen.

Zu kompliziert?

Benötigt das Erlernen der Einsingübungen eigene Probenzeit? Und sind sie am Ende so komplex, dass die Sänger sich nur auf die Übung und nicht auf das Singen konzentrieren können? Nicht gut!

Schwere Stellen schon beim Einsingen üben

Wenn man beim Einsingen neue, dem Chor unbekannte Übungen macht, wie wäre es, diese aus den schweren Stellen des neuen Stückes zu bauen? Zwei Fliegen mit einer Klappe ...

Eine aufgewärmte Chorleitung

Natürlich sollte der Dirigent die Einsingübungen mitmachen oder sich vorab selber aufgewärmt haben. *Practice what you preach!* Dann geht auch das Vorsingen in der Probe leichter!

Das muss man aushalten können ...

Für einige Sänger ist es schon eine Herausforderung, einen geraden, sauber intonierten Ton auf einem offenen Vokal wie *uh* auszuhalten. Dieses Unisono locker, leichte Töne aushalten ohne dabei fest zu werden (Schultern, Hals locker? Stirn entspannt?) wirkt oft wie Singhygiene für die Gruppe. Augen zu! Entspannen! Alle locker in bequemer Lage den gleichen Ton ... ein perfekter Einklang ...

Die vier Arten des Einsingens

1. Körperliches Warm-up (Lockern, Dehnen, Bewegen etc.)
2. Stimmliches Warm-up (Atmen, Singen, Sound etc.)
3. Mentales Warm-up (im Köpfchen wach werden)
4. Aufeinander hören (das nehme ich immer im Warm-up dazu)

DAS KÖRPERLICHE WARM-UP

Strecken und Dehnen

Die Arme in die Höhe, den Körper einmal durchstrecken. Zu den Seiten dehnen und tief durch die Nase in die Rippenflanken einatmen. Danach die Schultern kreisen, in alle Richtungen. Ein guter Einstieg ins Einsingen.

Aufrecht stehen!

Stellen wir uns vor, die Wirbelsäule wäre eine bewegliche Kette, die oben an der Decke hängt. Nun den Oberkörper nach vornüber fallen lassen (dabei ausatmen) und dann Wirbel für Wirbel aufrichten (dabei durch die Nase einatmen). Langsam! Zuletzt kommt der Kopf. Wir ziehen uns an einer imaginären Schnur noch etwas höher und wachsen gen Decke.

Lockere Schultern!

Sie hängen entspannt und fallen nicht nach vorne, eher etwas nach hinten. Der Brustbereich ist nicht eingefallen. Stolz dastehen! Ein imaginärer Scheinwerfer, der am Brustbein befestigt ist, sucht den Raum ab ...

Alles locker!?

Den Körper abklopfen, von oben nach unten, ausschütteln, massieren (das Gesicht, die Stirn, die Wangen ...), auf der Stelle laufen, Schattenboxen.

Wahnsinn!

Mit weit offenen Augen und locker geöffnetem Mund nach oben gucken und **staunen**! *Ohhh, ahhh!*

Auf der Stelle hüpfen

Alles hängt locker und schlackert am Körper herum: Arme, Beine, auch die Augen und das Kinn! Locker, locker, locker und dabei ein unscharfes *wuawuawua* sprechen. Lockerer Unterkiefer ...

Warmtanzen

In Süddeutschland habe ich einen Chor erlebt, der sich noch vor dem eigentlichen Einsingen zehn Minuten warmtanzte. Die Chorleiterin machte laute Partymucke an und los ging's. Die Sänger waren danach wach, gutgelaunt und beneidenswert locker!
Gleiches erlebten wir mit dem Chor auf unserer Afrikatour in Namibia in einem Gottesdienst: Der Pfarrer ließ die Gemeinde ordentlich zur groovigen Band abtanzen („one more!") bevor er entschied, dass nun die Predigt kommen könne. Cool!

MARTIN CARBOW

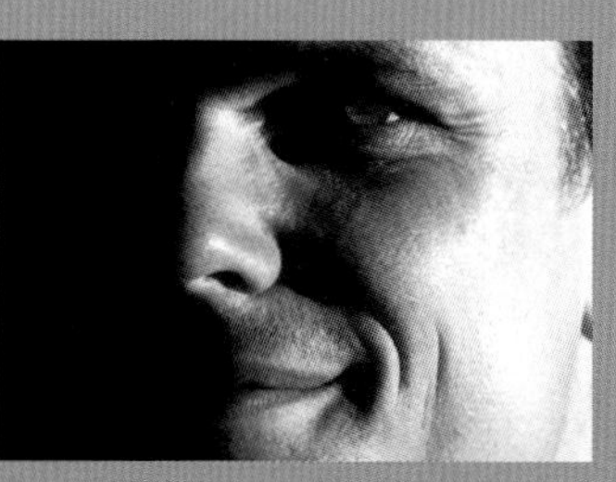

ist Chorleiter und Arrangeur für Vokalmusik und autorisierter Coach für die Complete Vocal Technique. Er errang mit dem **Groove Chor** den 1. Preis und Sonderpreis „Bester Groove" beim Deutschen Chorwettbewerb und ist Preisträger bei diversen Kompositions- und Vokalarrangement-Wettbewerben.
In der Chorarbeit erzeugt Martin durch seine positive Energie eine Atmosphäre knisternder Spannung. Mit geradezu magischer Präsenz und augenzwinkerndem Humor überträgt er seinen Groove und seine Begeisterung für die Musik auf alle Sänger und versetzt den gesamten Chor in Bewegung.
Er veröffentlichte u. a. die CDs *a cappella & more* und *O du funkige,* die Chorhefte *Groove im Chor* und *Gospels* sowie das Buch *Chorleitung Pop Jazz Gospel – Der sichere Weg zum richtigen Groove.*

Das sage ich meinem Chor kurz vor dem Auftritt ... die letzten Worte vor dem Einsatz:

„One, two, three, four!" Nein, jetzt noch mal ernsthaft – ich sage etwa dies, frei nach der Real Group (A-cappella-Ensemble aus Schweden): „Bitte denkt an die 20-Minuten-Regel, auf die wir uns geeinigt haben: Die ersten 20 Minuten nach unserem Auftritt sagen wir einander nur Positives zum Konzert, damit niemand von uns im Moment der größten Verletzlichkeit Kritik fürchten muss. Ihr könnt also ohne Angst vor Fehlern singen und so aus voller Seele euer Bestes geben – was nicht möglich ist, wenn man versucht, alles richtig zu machen. Ich erwarte also von euch, dass ihr viele coole, wunderbare, inspirierende ... Fehler macht!"

Daran denke ich beim Schlussakkord eines Stückes:

Mit dem Chor gemeinsam die Spannung halten (Erik Sohn verwendet dafür den wundervollen Ausdruck „bleiben") – nicht etwa nur bis zum Ende der letzten Note, sondern bis zum Ende der Pause danach. Unsere gemeinsame Vision ist es, dadurch einen dieser magischen, berührenden Momente im Konzert zu ermöglichen: Für eine kurze Weile klatscht nach dem Stück noch niemand (auch nicht der Frühklatscher in der zweiten Reihe) und das gesamte Publikum hält gebannt den Atem an, während es dem Echo des Stückes lauscht.

Welche A-cappella-Aufnahmen sollte man unbedingt gehört haben:

1. Take 6, CD *Take 6* – Anspieltipp: *Gold Mine*
2. New York Voices, CD *Sing, Sing, Sing* – Anspieltipp: *Sing, Sing, Sing*

3. Bobby McFerrin, CD *The Voice* – Anspieltipp: *Blackbird*
4. Cadence, CD *Frost Free* – Anspieltipp: *She's Got A Way*
5. Groove For Thought, CD *Groove For Thought* – Anspieltipp: *And So It Goes*
6. The Real Group, DVD *Live At Stockholm Concert Hall* – Anspieltipp: *Gøta*
7. The Singers Unlimited, CD *A Capella II* – Anspieltipp: *Autumn In New York*
8. Vocal Line, CD *Emotional Landscapes* – Anspieltipp: *Still Crazy After All These Years*
9. Manhattan Transfer, CD *The Manhattan Transfer Anthology – Down In Birdland* – Anspieltipp: *Why Not! (Manhattan Carnival)*
10. Ähm (verlegenes Räuspern) Martin Carbow, CD *O du funkige* – Anspieltipp: *O du fröhliche*

Ein sachdienlicher Tipp bei rhythmischen Herausforderungen im Chor:

Den Beat im Körper jedes einzelnen Chorsängers verankern – z. B. durch „rhythmisches Rumstehen": Die Sänger stellen einen Fuß vor und „schieben" mit der Ferse den Beat in den Boden. Der Abstand der Füße kann variiert werden (je weiter, desto rockiger). Für Grooves, die weniger stark geerdet werden müssen – wie z. B. schnelle Jazz-Titel – kann der Beat mit dem Fußballen getippt werden (Auszug aus dem Buch *Chorleitung Pop Jazz Gospel*, 2. Auflage).

... und einer zur Intonation:

Grundsätzlich positiv kommunizieren (also niemals: „Der Alt ist mal wieder zu tief." und dergleichen). Ich arbeite zunächst gerne *indirekt* an der Intonation, z. B. indem ich über Körper- und Rhythmusarbeit die notwendige Spannung vermittle. Bei der *direkten* Arbeit kann man die Intonation mit der Helligkeit der Vokale auf neutrale Art beeinflussen: Soll der Ton etwas höher sein, dann wird der Vokal etwas heller gefärbt (z. B. durch ein entspanntes Lächeln) – und vice versa. Nachdem der Chor dies stressfrei beherrscht, geht es spielerisch weiter: Wir singen einige Takte mit Klavierbegleitung. Dann setzt das Klavier für einige Takte aus, wobei der Chor die Aufgabe hat, die Intonation durch helle Klangfarbe allmählich ein wenig nach oben zu verändern. Klappt dies, dann klingt das Klavier beim Wiedereinsatz zu tief und damit schlecht – der Chor hingegen strahlt. Diese Vorgehensweise soll dem Chor vermitteln, dass man als Sänger nicht per se Sklave der Intonation ist, sondern ihr Gestalter sein kann. Literaturtipp: *Choral Intonation* (Per-Gunnar Alldahl, Gehrmans Verlag).

Was bedeutet Groove für dich?

Eine rhythmische Energiewelle, die sich auf magische Weise vom Chor auf das Publikum überträgt. Ich kann nicht anders: Ich muss mich einfach zur Musik bewegen (obwohl ich doch ein Mann bin ...). Bei rockigen Stücken halte ich mich am Sitz fest, weil ich den Schub körperlich spüre.

Meine liebste Einsingübung:

Knarren mit fließendem Übergang zwischen dunklen und hellen Klangfarben/Vokalen bzw. weniger und mehr Twang. Das entspannte Gefühl, das man beim Knarren hat, soll dabei jederzeit erhalten bleiben.

Das macht für mich einen guten Chor aus:

Innige Verbundenheit mit der Musik während des Singens – und zwar einheitlich im gesamten Chor.

Das macht für mich ein gutes Chorkonzert aus:

Ich spüre, dass die Sänger keine Angst vor Fehlern haben (s. o.) und kann mich deshalb vertrauensvoll zurücklehnen und die Musik genießen. Ich vergesse, welche Stile ich eigentlich mag und lasse mich ohne Vorbehalte darauf ein, auch unbekannte musikalische Welten zu entdecken. Ich bin am Ende des Konzertes ganz überrascht: „Wie, schon vorbei?!"

Das möchte ich singen:

Inspirierende Musik: Melodien, Texte, Rhythmen und Akkorde, die mich berühren, begeistern und mitnehmen – mindestens ein oder zwei Elemente des Songs sollten diese Qualität besitzen, im (seltenen) Idealfall alle!

Diese drei CDs nehme ich mit auf die einsame Insel:

Airplay, *Airplay* (ft. David Foster & Jay Graydon) – Anspieltipp: *Nothin'You Can Do About It*;
Al Jarreau, *This Time* (und alle anderen Al Jarreau Alben von 1977 bis 1983) – Anspieltipp: *Love Is Real*;
Christopher Cross, *Christopher Cross* – Anspieltipp: *Ride Like the Wind*;
Donald Fagen, *The Nightfly* – Anspieltipp: *Green Flower Street;*
Earth, Wind and Fire, *Faces* (und alle anderen Earth, Wind and Fire Alben von 1977 bis 1980) – Anspieltipp: *Win Or Lose;*
George Benson, *Weekend In L.A.* – Anspieltipp: *On Broadway*;
Pat Metheny Group, *American Garage* – Anspieltipp: *(Cross the) Heartland*;
Supertramp, *Crime of the Century* (und alle anderen Supertramp Alben von 1974 bis 1980) – Anspieltipp: *Hide in Your Shell*;
Tom Scott, *Apple Juice* – Anspieltipp: *Gettin' Up*;
Toto, *Toto* – Anspieltipp: *Rockmaker* (Hoppla – da waren es plötzlich zehn ...)

ATMUNG UND STÜTZE

Der Begriff der Stütze wird unter Gesangspädagogen heiß diskutiert. In der *Complete Vocal Technique* (siehe Seite 128) heißt es *support*, was es treffend beschreibt. Bei all diesen Übungen ist es wichtig, dass der Bauchraum der Sänger nie verspannt oder fest wird.

Bauch-Zwerchfell-Flanken-Atmung

ist das Ziel. Nicht nur mit den Schultern atmen, nicht in die Brust und nicht ausschließlich in den Bauch. Um sängerisch richtig und gesund zu atmen, sollten alle Sänger alle Möglichkeiten – auch die „falschen" – bewusst gemacht haben und dadurch unterscheiden können.

Bauchgefühl

Viele Sänger müssen erst lernen, im Bauchraum locker zu lassen. Eine gute Übung ist: die „Wampe" rausstrecken, dann auf einem langen *f* alle Luft raus und dabei den Bauch langsam einziehen. Wenn alle Luft raus ist, plötzlich die Bauchdecke lockerlassen. Der Körper atmet nun „passiv", von selbst ein und zieht sich eine sehr gesunde (erstaunlich kleine) Menge Luft „in den Bauch".

Nicht zu viel übers Atmen nachdenken

Die gängige Meinung, man „müsse" als Sänger das „richtige" Atmen erst üben und „lernen", kann die Sänger auch gewaltig stressen! In der außerchorischen Lebenszeit denken wir selten über die Atmung nach. Unsere Lautäußerungen beim Sprechen funktionieren wunderbar natürlich. Auch in Gefahrensituationen das Schreien, Rufen oder auch z. B. Stöhnen oder Lautwerden bei Ärger ... Alles geht, ganz ohne dass wir vorher „richtig" und „bewusst" einatmen.
Daher vielleicht auch im Chor die Atmung nicht zu sehr verkopfen!

Das Männchen im Bauch

„Stell dir vor, an deinem Bauchnabel wäre eine Schnur befestigt, innen. Und im Bauch sitzt ein kleines Männchen, welches die Schnur in der Hand und sie ziehend auf leichter Spannung hält. Manchmal, bei langen Tönen, zieht das Männchen etwas mehr, dann lässt es

wieder nach – aber die Schnur bleibt stets straff und leicht gespannt!"
Ein hilfreiches Bild für eine gute Stütze beim Singen gerade von langen Bögen.

Ein Gefühl für eine gute Stützspannung beim Singen

„Verhakeln wir die beiden Zeigefinger vor der Brust, lassen die Luft auf einem stimmhaften oder stimmlosen *s* heraus und ziehen dabei die Finger auseinander."
Man erreicht dadurch automatisch eine gute Spannung im Bauch und ebenso in den Gesäßbacken. Spannung, keine *Ver*spannung! Das lässt sich steigern, in dem man sich noch auf die Außenkanten der Füße stellt.
Wenn der Chor mit dieser Übung und dem daraus resultierenden Gefühl für gute Stütze vertraut ist, reicht es manchmal bei *Sinkgefahr* als Dirigent selber (nur für den Chor sichtbar) die Zeigefinger zu verhakeln: „Mehr stützen!"

Weg mit dem *s* und dem *f*!

Das Gefühl für Stütze übt sich prima durch imaginäres Wegschieben mit der herunterhängenden Hand langsam durch dicke, schwerfällige Luft, eines gleichzeitig ausgehaltenen Zischlauts *sssss* oder *fffff*. „Achtet dabei mal auf euren Bauch und die Pobacken!" Alles schön straff.

Wo sitzt eigentlich mein Zwerchfell?

Eine Hand auf den Bauch, die andere vor den Körper gehalten, darauf liegt eine imaginäre Vogelfeder, die wir mit einem Impuls nun wegpusten. Die Bauchhand registriert ein Zucken ... Das macht das Zwerchfell. Mit der gleichen Spannung und dem gleichen Impuls geht's weiter: *f-s-sch-f-s-sch* (der Klassiker), oder auch einfach laut lachen ...

Ich setz mich mal *auf* den Ton *(und häng mich nicht unten dran)*

Die Hände in die Seite stützen, den „mittleren Ring". Beim Singen habe ich das angenehme Gefühl, dass jeder Ton mit gesunder Gravitation auf diesem imaginären Schwimmring *sitzt*. Im Geiste lassen wir uns auf einen Ton fallen, lehnen uns an und wippen vielleicht sogar etwas nach, eben weil er da so gut drauf sitzt, auf der Zwerchfellspannung.

Tarzan

Wir klopfen uns mit der Faust locker auf den Brustbereich. Dazu lassen wir ein *a* oder *o* oder *ä* auf einem Ton unserer Wahl heraus. Der Unterkiefer ist völlig locker, und die Zunge liegt extrem entspannt im Mund. Die Sänger dürfen dabei gern etwas doof aussehen! Bekommen wir so mehr Resonanz in den Ton?

Das riecht gut!

Stellen wir uns einen Spaziergang durch den Wald, die Natur vor und atmen wohlig tief durch die Nase ein, durch den Mund aus ... *ahhhh*

Schnüffeln

Wie ein Hund schnell schnüffeln. Schnell und durch die Nase mit aktivem Zwerchfell hecheln. Die Nasenflügel sind weit. Eine Hand auf dem Bauch kann die Zwerchfellaktivität kontrollieren und bestaunen.

Zungen-Ping-Pong

Um den ganzen Sprechapparat wach und präsent zu bekommen, lassen wir die Zunge im Mund abwechselnd links und rechts gegen die Wangenwand stoßen.

DAS STIMMLICHE WARM-UP

Summ summ summ

Gerne beginne ich ein Einsingen mit Summen, jeder locker, leicht und leise vor sich hin. Zähne nicht zusammenbeißen. Gerne etwas kauend. Das lockert, ist ein guter und gesunder Einstieg für und über die Randstimme *und:* Alle sammeln sich, hören mir zu, und ich nutze den Moment für organisatorische Ansagen (über den Bienenschwarm drüber) ... Zwei Fliegen mit einer Klappe!

In die Finger, in die Füße ...

Wo kann man das Summen überall spüren? Vibrieren die Fingerspitzen? Die Zehen? Eine Hand an die Stirn oder in den Nacken und dann „dagegen“ summen. Oder zwei Personen Rücken an Rücken ... Summt euch an, spürt ihr euch? Hilft das für mehr Resonanz?

LINE GROTH

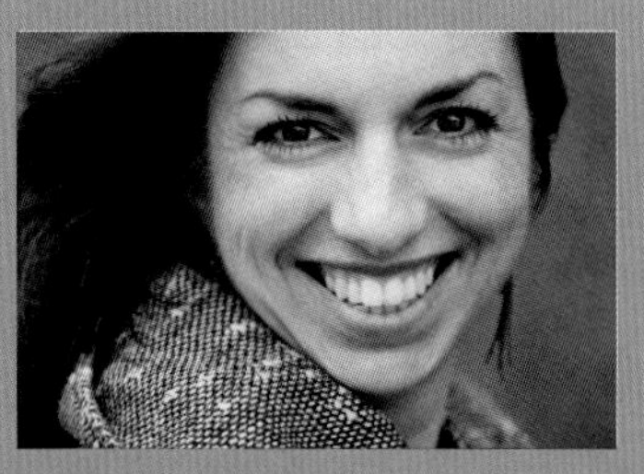

ist Arrangeurin und Co-Chorleiterin des weltbekannten dänischen Chores **Vocal Line**, der u. a. zusammen mit den Rolling Stones und Bobby McFerrin aufgetreten ist. Als Sängerin, Arrangeurin und Komponistin der electronic-vocal-Gruppe **Postyr** tourt sie rund um die Welt. Die Gruppe hat verschiedene Alben veröffentlicht und gewann 2016 den CARA Award für das beste europäische Album. Line unterrichtet Chorleitung an der Royal Academy of Music in Copenhagen und Aarhus.

Das sage ich meinem Chor kurz vor dem Auftritt ... die letzten Worte vor dem Einsatz:

Wenn die Sänger auf die Bühne gehen, stehe ich meistens hinter dem Vorhang und klatsche sie ab und wünsche ihnen ein wundervolles Konzert. Davor, Backstage, erinnere ich sie daran, die Zeit auf der Bühne zu genießen und alles zu zeigen, was sie können und stets präsent zu sein.

Daran denke ich beim Schlussakkord eines Stückes:

Das ist schwer in Worte zu fassen, es ist mehr ein Gefühl! Irgendwie fasst der Schluss den ganzen Song zusammen. Es kann ein Gefühl der Zufriedenheit sein, der Erleichterung, Traurigkeit oder Freude, Schmerz ... je nachdem worum es in dem Stück ging.

Welche A-cappella-Aufnahmen sollte man unbedingt gehört haben:

Muss es a cappella sein? Ich mag einfach Musik! Aber einige A-cappella-Aufnahmen haben eindeutig einen großen Einfluss auf meine Arbeit als Chorleiterin und Arrangeurin:

- The Real Group, *Gøta*
- Rajaton, *Dobbin's Flowery Vale*
- Take 6, *I Got Life*
- Vocal Line, *Blue* und *Viva la Vida*
- Singers Unlimited, *The Fool on the Hill*
- Bobby McFerrin, *Thinking About Your Body*
- McFerrin/Roger Treece, *Say Ladeo*

Ein sachdienlicher Tipp bei rhythmischen Herausforderungen im Chor:

Den Text sprechen mit Energie, das Tempo drosseln und – wenn die Stelle klappt – wieder anziehen. Sicherstellen, dass alle den Puls fühlen. Oft hilft der Gospelschritt beim Singen oder Sprechen.

... und einer zur Intonation:

Zunächst sollte man als Chorleiter herausfinden, *warum* es ein Intonationsproblem gibt. Niemals dem Chor nur sagen, dass es zu tief ist, ohne eine Lösung vorzuschlagen. Überprüfe die Körperhaltung der Sänger und stelle sicher, dass sie gestützt singen. Meistens ist es das! Hilf ihnen den harmonischen Zusammenhang ihrer Stimme hörend zu verstehen. Und alle sollten die gleiche Vokalfarbe haben. Vorsicht bei Scoops (Gesangstechnik, bei der der gewünschte Ton von unten angesungen und dann nach oben gezogen wird), Glissandos und Vibrato.

Was bedeutet Groove für dich?
Wenn jeder exakt das gleiche Tempo fühlt und alle die Subdivisions gleich empfinden und fühlen.

Meine liebste Einsingübung:
Ganz ehrlich, das kann ich nicht beantworten. Es gibt zu viele, meine Liste wäre zu lang!

Das macht für mich einen guten Chor aus:
Das ist wieder sehr schwer in kurze Worte zu fassen. Am wichtigsten ist, eine gute Atmosphäre zu schaffen, in der sich jeder sicher, jeder wohlfühlt und traut, auch mal Fehler zu machen. Dann braucht es eine gute musikalische Leitung um ein gutes Repertoire zu erarbeiten, das berührt und unterhält – die Sänger *und* das Publikum. Und natürlich sollte man gute, engagierte Sänger haben, die mitziehen und dieselben Ziele anstreben. Und als Chorleiter sollte man stets das Konzept der *Zone der nächsten Entwicklung* von Lev Vygotsky bedenken.

Das macht für mich ein gutes Chorkonzert aus:
Man muss nur alle vorherigen Antworten zusammenfassen ☺
Wichtig ist auch eine gute Songauswahl für das Konzert. Ich finde es schön, wenn es einen roten Faden gibt für alle Lieder oder wenigstens einen Teil. Auch an eine dramaturgische Kurve sollte man denken – die Spannung auf- und abbauen, damit das Publikum die ganze Zeit am Ball bleibt. Und es ist so wichtig, wie die Konzertbesucher zwischen den Stücken angesprochen werden. Einige finden das einfach, andere schwer – auch die Moderationen unbedingt proben! Bring das anstehende Lied dem Publikum näher, erzähl eine Geschichte, mach das Publikum neugierig auf den nächsten Song.

Das möchte ich singen:
Wenn ich seinen Song arrangiere, entscheide ich mich entweder für eine gute Story – einen spannenden Liedtext, der mich berührt und zum Interpretieren des Stückes inspiriert; oder ich wähle einen Song mit gutem Groove und viel Energie – einen Song, der mich zum Tanzen bewegt und gute Laune macht. Davon abgesehen habe ich eine Schwäche für Harmonien und schöne Akkordfolgen.

Diese drei CDs nehme ich mit auf die einsame Insel:
The Beatles, *Abbey Road;*
Peter Gabriel, *Secret World Live;*
Alberte, *Lyse Nætter;*

Einsingen wie Michael Jackson

Auf YouTube findet man unter *Michael Jackson – Vocal Training in 1995* einen Tonmitschnitt seines Warm-ups. Er nahm Gesangunterricht per Skype!
Die Flatterlippen. Für mich eine der besten Übungen überhaupt. Es lockert die Stimme, die ganze Mundpartie, holt den Stimmsitz „nach vorn" und macht auch noch Spaß. Wer Schwierigkeiten hat, hält mit den Fingern links und rechts die Wangen etwas fest. Wenn man es richtig macht, kitzeln die äußeren Nasenflügel ...
Michael singt dort eine klassische Einsingübung: Einen Dur-Akkord als Brechung rauf (*c, e, g, c, e, g*) und dann den Dominantseptakkord abwärts (*f, d, h, g, f, d*). Das Ganze im bewegt-geschwungenen 6/8. Die Männer wechseln locker die Stimmregister ins Falsett und zurück. Es geht nicht darum, die Töne möglichst exakt zu treffen, sondern um den Schwung und den schnellen Wechsel von tief und hoch.

Vokalausgleich

Klingen alle Vokale homogen? Singen alle das gleiche *a*, das gleiche *i*? Und klingen die Vokale insgesamt auch homogen? Manchmal klingt ein *e* sehr scharf im Gegensatz zum *u*, oft sitzt das *i* ganz weit vorne und das *a* ganz hinten ...
Dieser Ausgleich lässt sich wunderbar beim Einsingen mit einem simplen Kanon üben. Die Sänger sollen ein Bewusstsein für diese klanglichen Dinge entwickeln und die Klangunterschiede erhören und bemerken.

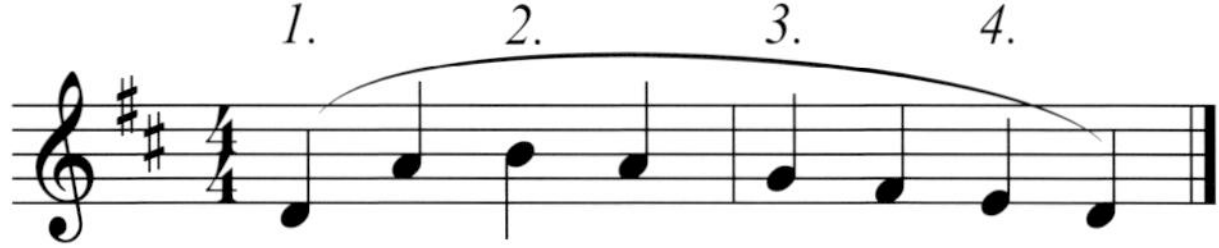

Gähn mal 'ne Oktave!

Beim Gähnen öffnet sich der Rachenraum. Das Gaumensegel geht hoch, die Zungenwurzel runter ... Platz für viel Sound. So gähn-singen wir beim Einsingen Oktaven, auf *ah*. Oben anfangen (unisono: *c, c#, d, d#* ... reicht schon).

Einmal ganz unten und ganz oben!

Gerne schicke ich alle einmal ganz nach unten in die tiefsten Lagen. Locker, nicht laut, entspannt, ohne zu drücken und gerne bis zum tiefen c. Ganz einfach 5-4-3-2-1.

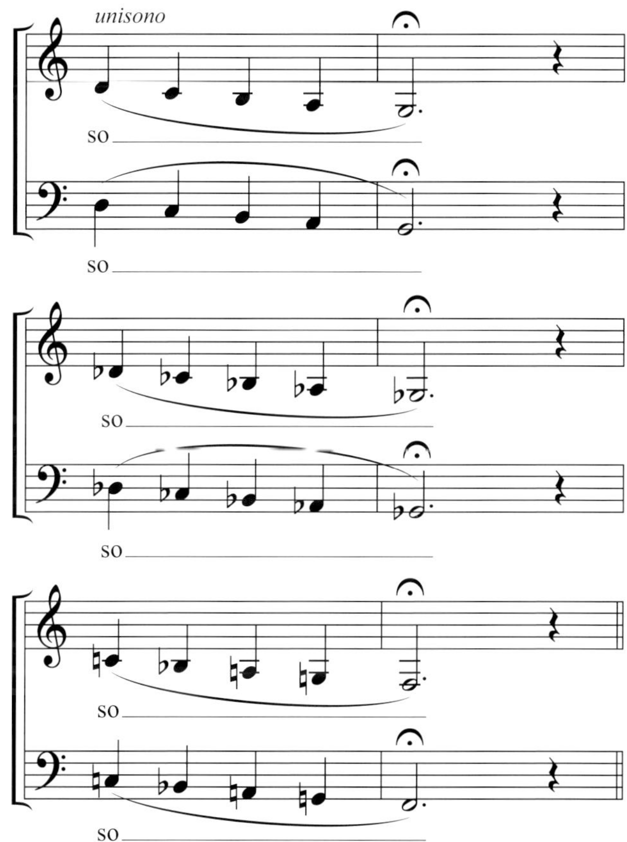

Und auch gerne einmal alle, die wollen und können (diese einschränkende Ansage ist wichtig!), ganz nach oben: 5-8-5-3-1.

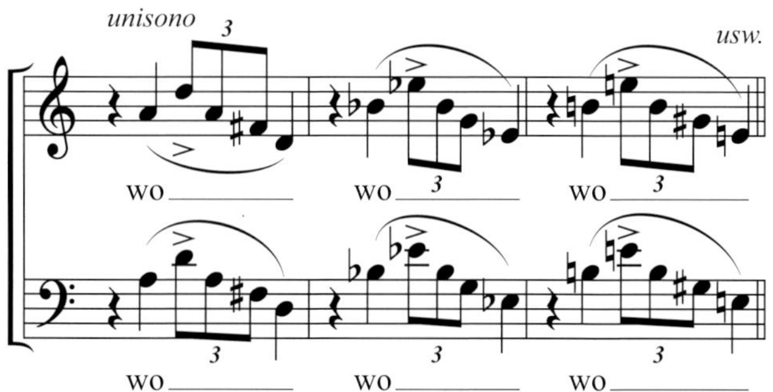

Die Idee dabei ist, in einer bequemen Mittellage *a* den Stimmsitz zu finden und dann mit Schwung die Quarte hoch zu glissandieren. Solange die Soprane lächeln, geht's hoch. Gerne auch bis zum c, auch wenn diese Höhe in den Poparrangements im Grunde nie vorkommt.

Sing einen großen Septnonakkord ...

Beim Einsingen gleich an spannende *Tensions* (Akkordzusätze wie Septime, None etc.) gewöhnen: Auf *du du du*: Dur, 1-3-5-j7-9-j7-5-3-1

Die Idee mit dem *Durch-den-Schlauch-blubbern*

In meinem Musikstudium war das Altsaxophon mein Zweitinstrument. Mir fiel schnell auf, dass ich nach dem Saxophonüben und -spielen immer auch sehr gut eingesungen war.
Diese Wirkung hat auch die finnische Logopädin Marketta Sihvo genutzt, als sie nach einer universellen Methode zur Behandlung von Stimmschäden suchte. Sie erinnerte sich, wie sie als Kind Lieder durch den Strohhalm sang und blubberte. Diese Ideen und Schriften wurden mittlerweile ins Deutsche übersetzt und seit 2012 schwören immer mehr Profisänger auf dieses Verfahren und laufen blubbernd mit einer Flasche Wasser, in der ein Plastikschlauch steckt, herum. Sieht zwar etwas skurril aus, funktioniert aber toll!

ANNE KOHLER

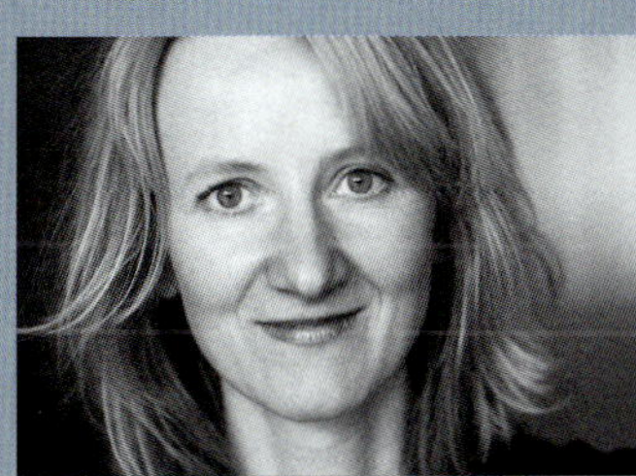

ist Professorin für Chorleitung an der HfM in Detmold und leitet dort den Kammerchor der Hochschule und das mehrfach ausgezeichnete Vokalensemble **Pop-Up**. Sie studierte Schulmusik in Hamburg sowie Dirigieren, Klavier und Gesang in Karlsruhe. Workshops mit der Real Group, Jens Johansen und Thierry Lalo. Eine enge Zusammenarbeit mit Martin Carbow und Oliver Gies prägt die Arbeit in ihrem Jazzchor. Sie gibt Workshops zu den Themen Dirigieren, Stimmbildung und Jazz- und Popchorleitung.

Das sage ich meinem Chor kurz vor dem Auftritt ... die letzten Worte vor dem Einsatz:
„VIEL SPASS!"

Daran denke ich beim Schlussakkord eines Stückes:
Bitte nehmt alle die gleiche Vokalfarbe.

Welche A-cappella-Aufnahmen sollte man unbedingt gehört haben:
Rajaton, *Out of Bounds*

Ein sachdienlicher Tipp bei rhythmischen Herausforderungen im Chor:
Die Subdivision ist der Schlüssel zum Glück.

... und einer zur Intonation:

1. zuhören
2. Akkorde verstehen
3. Vokalfarben angleichen
4. Balance herstellen
5. ohne Angst singen

Was bedeutet Groove für dich?
Dass der Rhythmus körperlich gefühlt ist und mitreißt.

Meine liebste Einsingübung:
Da habe ich zu viele ... Aber immer: Lippentriller und Summen.

Das macht für mich einen guten Chor aus:
Hohes ensembletechnisches Niveau UND Lebendigkeit im Live-Auftritt.

Das macht für mich ein gutes Chorkonzert aus:
Es muss mich berühren. Der Klang und der Ausdruck sollen mich körperlich anfassen. Die Arrangements müssen gut sein.

Das möchte ich singen:
Alle Arien von J. S. Bach.

Diese drei CDs nehme ich mit auf die einsame Insel:
Take 6, *Goldmine*; Amy Winehouse; Bach, *h-Moll-Messe;*

„Das gehört noch zum Einsingen!“

Nach einem körperlichen und anschließend stimmlichen Warm-up singe ich am Ende des Einsingens immer noch einen Titel durch, den die Choristen, die (gemischt) stehen, auswendig können. Es gehört zur Routine, das Repertoire in den Hirnen frisch zu halten, und schließt das Einsingen schwungvoll ab.

DAS MENTALE WARM-UP

Merk dir den Ton!

Alle summen unisono einen Ton in bequemer Mittellage. Die Aufgabe ist nun, auf Zeichen des Dirigenten einen beliebigen anderen Ton zu summen. So entsteht ein Cluster. Anschließend treffen sich alle wieder im Unisono auf dem Anfangston. Die gleiche Übung mit mehreren verschiedenen Clustern: Wie viele Tonwechsel sind möglich, bis es schwerfällt, sich an den ersten Anfangston zu erinnern?

1-2-3-4

Wir zählen gemeinsam laut einen Vierertakt (Tempo halten und nicht schneller werden!). Der Chor klatscht im ersten Takt auf die *1*, im zweiten auf die *2* usw. (spannendste Stelle: *4–1*). Irgendwann werden die Viertel nicht mehr laut gezählt, sondern nur noch innerlich gefühlt. Das geht taktweise auch als Kanon oder mit anderen Klatschzeiten (z. B. auf die *Offbeats* oder als komplexeres Motiv, z. B. zwei Achtel etc.). Es trimmt das Hirn *und* den Groove!

Ich mach vor – ihr nach

Auf einem steten Puls (der nach Möglichkeit nicht schneller wird!) klatscht der Chorleiter immer komplexer werdende Rhythmen, die der Chor im Folgetakt nachklatscht. *Call and Response*. Das übt den Groove und das musikalische Gedächtnis. Hier lassen sich auch wunderbar rhythmische Herausforderungen der anschließend zu übenden Stücke vorproben.

Den Puls spüren

Wir gehen in einem moderaten Viertelpuls durch den Raum. Dabei sprechen wir abwechselnd Achtel und 16tel auf *t-t-t-t* ... Auf Zeichen bzw. Ansage bleiben alle stehen und fühlen und hören innerlich, wie der Puls unhörbar weiterläuft. Nach einer definierten Pause steigen wir wieder „auf den Pulszug".

Train your brain

Es gibt eine Menge kleiner, lustiger Übungen, die das Hirn wunderbar anwärmen und uns wachmachen. Z. B. zwei Personen stehen sich gegenüber, die linke beginnt und sagt *„eins"*, die rechte antwortet mit *„zwei"*, dann links wieder *„drei"*. Nun beginnt rechts: *„eins"* ... Dieses Hin und Her nun mit möglichst viel Tempo bzw. langsam schneller werdend als *accelerando*. Wer es kann, ersetzt die *„eins"* mit einem Klatschen. Sollte das auch zu leicht sein, wird anstelle *„drei"* zu sagen auf dem Boden aufgestampft. Ein großer Spaß!

AUFEINANDER HÖREN!

Merke: Ein Chor, der nicht gut aufeinander hört, kann unmöglich sauber singen und auch nicht grooven!

Sing sauber!

Intonation lässt sich auch immer im Rahmen des Einsingens üben.

- Intervalle sauber aushalten und -hören (Quinten, Oktaven, Quarten).
- Ganztöne auf- und abwärts (langsam bis zur Ganztonskala).
- Einen Ganzton-Cluster (z. B. *d-e-f#-g#*) auf *uh* aushalten und nacheinander je Stimme einmal crescendierend in den Vordergrund treten lassen.
- Halbtonschritte als Wechsel nach unten (*g-f#-g,* mit Leittonfeeling) einmal bewusst zu klein, also zu hoch singen ... schafft der Chor das, zu *sharp* zu singen? Anschließend am Klavier kontrollieren.

FELIX POWROSLO

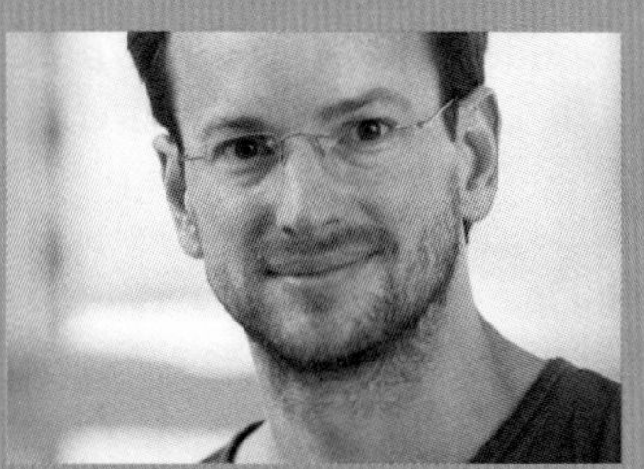

kommt von der Bühne. Er hat 15 Jahre lang aktiv Theater gemacht, Musical, Physical Theatre, Performance (u. a. **Blue Man Group**). Seit 2008 arbeitet er hauptsächlich als Regisseur, Präsenztrainer sowie Bühnen- und Stimmcoach mit Künstlern wie Nicht-Künstlern. Auch in der Chor- und A-Cappella-Szene ist er als Coach und Regisseur unterwegs, in den letzten 12 Jahren gestaltete er beispielsweise regelmäßig die Bühnenprogramme der **Wise Guys**, **Maybebop**, **Viva Voce** oder **OnAir** mit.

Das sage ich meinem Chor kurz vor dem Auftritt ... die letzten Worte vor dem Einsatz:
„Wie geht's euch, was nehmt ihr gerade körperlich wahr? Atmet!"

Daran denke ich beim Schlussakkord eines Stückes:
Da sitze ich im Publikum und denke hoffentlich: Mei, schee!

Welche A-cappella-Aufnahmen sollte man unbedingt gehört haben:
Natürlich die üblichen Verdächtigen: Real Group, Swingles, Pentatonix, King's Singers, Maybebop, OnAir ... Aber ich werfe auch immer mal gerne ein Ohr auf A-cappella-Musik anderen kulturellen Ursprungs, z. B. Ladysmith Black Mambazo oder a filetta.

Ein sachdienlicher Tipp bei rhythmischen Herausforderungen im Chor:
Üben in Loops, Tempo so weit senken, dass alle Stress-Symptome abfallen, dann Tempo sehr langsam steigern, aber immer unter dem „Stresslevel" bleiben, bis ca. 10 Beats/min über dem Originaltempo. Wenn das stressfrei läuft, gemütlich zurück ins Originaltempo.

... und einer zur Intonation:
Zwei ...
1. Atmung/Stütze: Steckt der Chor in der Hochatmung (aktives Einatmen in den Brustkorb)? Hochatmung führt oft zum Drücken und damit zu sehr „brustiger" Stimmführung (Glottis staut Luft zurück). Das zerschießt die Intonation oder zumindest das Blending.
2. Horizontales Hören: Arrangement aus dem Tempo nehmen, Akkordwechsel einzeln andirigieren und in jeder Harmonie verharren (chorisch

atmen), bis die Sänger anfangen ihre Stimme im harmonischen Bezug wahrzunehmen.

Was bedeutet Groove für dich?
Ein guter Groove legt den Boden für all das, wo Melodie und Harmonik mit mir hin wollen – eine Stimmung, eine (körperlich spürbare) Grundhaltung, schwer schleppend voller Schmerz, zurückhaltend zögerlich, machtvoll unbremsbar, stetig stabil solide, übersprudelnd leichtfüßig etc. etc., oder noch viel ausdifferenzierter. Und wenn ich das körperlich spüre, das Ziehen hinterm Nabel, die Kraft in Armen und Beinen spüre ... das isses!

Meine liebste Einsingübung:
Die Eule: *Huuuuoooo*; wattig (ohne kompletten Stimmschluss) aber nicht überlüftet, kopfig aber nicht isoliert im Falsett.

Das macht für mich einen guten Chor aus:
Energie und Hingabe.

Das macht für mich ein gutes Chorkonzert aus:
Das Gefühl alle Anwesenden (Publikum und Chor) lassen sich gleichermaßen überraschen und berühren von der Begegnung, dem Raum und natürlich der Musik.

Das möchte ich singen:
Musik aller Genres, bei der ich denke: Wow geil!

Diese drei CDs nehme ich mit auf die einsame Insel:
Ähh, was? ... nur drei? ... was ist mit mp3? ... Na gut:
Miles Davis, *Accoustic Years*;
Earth, Wind and Fire, *Best of* (Live);
Dvořák, 9. Symphonie, *Aus der neuen Welt*.

– Einen Akkord aushalten (auf *uh*) und nach Ansage stimmweise alterieren: „Der Alt einen Halbton hoch!", z. B. eine dreistimmige (Sopran und Tenor singen unisono) Kadenz:

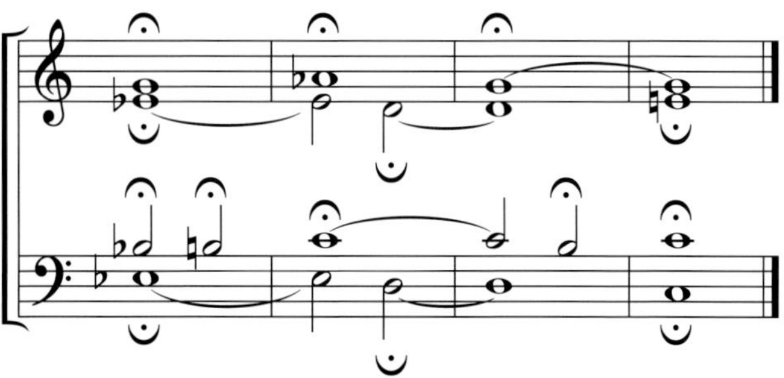

Derartige Akkordverbindungen vorher zu Hause am Klavier entwickeln und aufschreiben.

Follow the King!

Eine sehr effektive Übung der Real Group: Ein Sänger beginnt zu singen (ohne Text, Vokale, zunächst längere Töne), alle anderen folgen ihm, hängen sich an seine Lippen und Stimmbänder. Wechselt der „King" den Ton, mögen alle „Untertanen" so schnell wie möglich folgen, sich unisono angleichen. Im Idealfall geht das so schnell, dass es völlig homogen klingt und ein Außenstehender gar nicht erkennen kann, wer gerade der „King" ist.
Die Ton- und Vokalwechsel können schneller und unvorhersehbarer werden. Die Rolle des „Kings" wechselt. Vielleicht sogar ohne Ansage oder Zeichen. Alle *spüren*, dass es einen neuen Vorsänger gibt.
Die Übung schärft das Hören und lässt sich gut in das Einsingen integrieren. Steht der Chor in Reihen, sollten die äußersten Sänger abwechselnd die „King"-Rolle übernehmen. Das zeigt, ob sich alle wirklich hören können. Es funktioniert gut bei nicht zu großen Chören.

Eine lupenrein saubere Quinte bitte!

Nach meiner Erfahrung rächt es sich bitter, wenn bereits beim Einsingen die Intonation flach oder sogar richtig zu tief ist. Manchmal ist der Chor am Anfang noch müde und abgespannt. In den Proben, in denen ich in diesen

Momenten die Intonation der Intervalle bei den simplen Einsingübungen nicht sofort korrigiert habe, sackte der Chor anschließend unaufhaltsam. Die erste Quinte sollte sauber sein!

Intonation

Bevor ein Chor sackt, wird der Chorklang matt. Die Obertöne fehlen. Das lässt sich mit ausgehaltenen leeren Quinten, in die eine Dur-Terz gesungen wird gut demonstrieren. Es lohnt, die Sänger ab und zu auf solche feine Intonationsunterschiede hinzuweisen und so langfristig ein Bewusstsein für strahlende *große* Terzen und *reine* Quinten und Oktaven zu schaffen.
Aber: Intonationsübungen sind anstrengend! Neu: Den Chor im Auge behalten und nicht überreizen!

Töne treffen

Viele Sänger *gleiten* in die richtige Tonhöhe. In der Regel von unten und sie bauen vor Vokalen dazu gerne *Klinger* ein: ein hinzugefügtes *m* oder *n*, auf dem die Tonhöhe für den folgenden Vokal gesucht wird. Viel wünschenswerter wäre es, den Ton gleich und ohne suchende Einschwingphase zu treffen. Das erfordert allerdings eine Menge Konzentration und auch Übung:
Ich spiele am Klavier einen Staccato-Ton aus dem bequemen 2-Oktaven-Raum um *c1*. Der Chor singt sofort kurz auf *du* nach. Im anschließenden Nachhall des Raumes kontrollieren alle die Trefferquote. Das kann anfangs sehr entlarvend und auch frustrierend sein. Es ist aber auch verdammt schwer, mit einem ganzen Chor gleich und immer ins Schwarze zu treffen. Es ist wichtig, sich dessen bewusst zu werden, und das stete Üben wird helfen, garantiert!
Im Pop sind Noten oft kurz. Und es wäre schade, wenn diese Noten schon wieder vorbei sind, noch bevor die Sänger die richtige Tonhöhe gefunden und erreicht haben. Schade auch und besonders für das Publikum.

Hören sich die Sänger gegenseitig?

Miteinander musizieren heißt natürlich zu allererst: aufeinander hören! Ob das im Chor klappt, zeigt sich schon beim einfachen Kanonsingen. Fliegt der Chor ohne Dirigat auseinander? Reagieren die Stimmen in

MARC SECARA

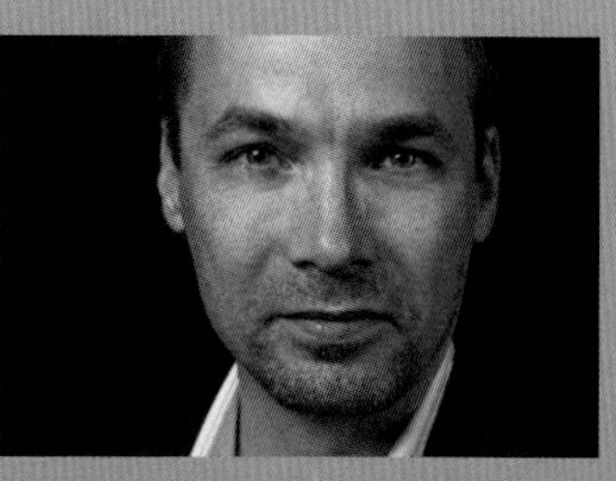

ist Professor für Gesang an der Hochschule der populären Künste, Berlin. Er studierte an der Hochschule für Musik „Hanns Eisler" in Berlin Jazz und Pop-Gesang, war Stipendiat am Berklee College of Music in Boston, USA und sang bereits mit 20 Jahren im **Bundesjugendjazzorchester**. Marc singt und konzertiert mit seinem **Berlin Jazz Orchester** (Ltg. Jiggs Whigham), komponiert und moderiert und hat diverse eigene Alben produziert. Marc ist ein *Estill Certified Master Teacher*, leitet seit über 15 Jahren den Landesjugend Jazz- und Popchor **Young Voices Brandenburg** und gehört zum regelmäßigen Dozententeam des Bundesjugendjazzorchesters und der European Jazz Academy.

Das sage ich meinem Chor kurz vor dem Auftritt ... die letzten Worte vor dem Einsatz:

„Kommt bitte alle in einen Kreis. Bitte schließt die Augen und kommt für eine Minute zur Ruhe. Diese Minute gehört nur euch! Lasst die Augen geschlossen, während ich rede. Ihr habt all die Monate, Wochen, Tage und Stunden geprobt und geübt und heute – jetzt – ist der große Moment da! Genießt es! Habt keine Angst. Wenn etwas schief gehen sollte, verlasst euch auf die Gruppe, die euch helfen wird. Ich freue mich riesig darauf, euch jetzt gleich zu hören! Lasst uns jetzt da rausgehen und die Leute vom Hocker reißen!"

Daran denke ich beim Schlussakkord eines Stückes:

Am liebsten und hoffentlich: „Unglaublich! Das habt ihr großartig gemacht! Ihr habt das Publikum und mich „getouched". Aber manchmal auch: „Autsch ... das müssen wir dringend nochmal proben." Und alle Schattierungen dazwischen ...

Welche A-cappella-Aufnahmen sollte man unbedingt gehört haben:

Ich finde Singers Unlimited, Take 6 oder auch New York Voices.

Ein sachdienlicher Tipp bei rhythmischen Herausforderungen im Chor:

Einen gemeinsamen Puls fühlen und ggf. durch eine gemeinsame Bewegung präzisieren. Z. B. auf halbe oder ganze Takte den Schritt wechseln. Wenn ich merke, dass einzelne Sänger die Time komplett falsch „treten/laufen" sage ich auch einmal: „Bitte steh lieber still" bzw. „merkst du, dass deine körperliche Time eine andere als die musikalische Time ist?". In der Probe arbeite ich viel mit Body-Percussion, ich dekonstruiere komplizierte Rhythmen und baue Loops auf. Ich lasse die Stellen klatschen und mache isoliertes Time-Training (Klatschen/Singen von allerlei Rhythmen).

... und einer zur Intonation:

Schlechtes Pitch hat für mich am häufigsten 3 Gründe:

1. Gesangstechnik: Hier ist es nicht ganz so leicht, schnelle Lösungen zu finden. Ich helfe kurz, will aber nicht im Tutti zu viel Zeit für individuelle Probleme verwenden. Wenn ich das Gefühl habe, die Person benötigt mehr Hilfe, rate ich zu Privatunterricht.
2. Klangverständnis: Dies ist der weitaus häufigere Grund für wackelige Intonation. Viele können z. B. Dur-Akkorde ganz gut singen, Moll wird schon schwieriger, ein Halbverminderter Akkord ist dann schon oft extrem schwierig für Chöre. Wenn man noch nie (um bei dem Beispiel eines halbverminderten Akkordes zu bleiben) eine verminderte Quinte gesungen und gespürt hat, kann man sie schlecht sauber singen. Ähnliches gilt für Voicings/Umkehrungen von Akkorden. Die Antwort ist hier konsequentes Training von Akkorden. Ich nenne das in meinen Chören „die Klangbibliothek" auffüllen. Wir singen Akkorde als Glocken oder als Arpeggio, wir singen Skalen im Kanon etc. so lange, bis der Chor den Klang „verstanden hat".
3. Konzentration und Position: Manchmal hilft es auch, die Sänger anders zu positionieren. War z. B. der Bass in der Aufstellung links, dann hilft es vielleicht schon, den Bass in die Mitte des Chores zu stellen und an den Chor den Hinweis zu geben, viel Aufmerksamkeit auf den Bass zu legen; oder auch die Sections komplett aufzulösen und die Stimmgruppen wild zu mischen. Oft hilft das auch schon. Wenn der Chor sonst gut in Tune war, nun aber die Konzentration sinkt und der Chor nur noch auf Autopilot singt, mache ich eine kleine Pause oder wecke sie mit einer Ansage oder Übung auf.

Was bedeutet Groove für dich?

Es bedeutet nicht unbedingt, dass wir strikt in Time sind. Es darf auch einmal schneller oder langsamer werden. Viele gute Rockbands werden z. B. zum Ende des Songs etwas schneller. Das stört mich nicht – wobei es natürlich nicht ungewollt und unkontrolliert extrem langsamer oder schneller werden sollte.

Aber Groove heißt für mich immer „zusammen sein". Ein gemeinsames Time-Feel und eine gemeinsam-etablierte Time sind Pflicht. Wir müssen kompakt sein. Zudem geht es im Groove sehr stark um die richtige Betonung. Sowohl was die unterschiedliche Gewichtung/Betonung von Wörtern angeht als auch das Phrasing der Töne/Melodie. Der Chor sollte Time und Betonungen gemeinsam singen.

Meine liebste Einsingübung:
Wenn mit Einsingübung ein stimmliches Warm-up gemeint ist: ich mache dies höchst ungern. Zum einen ist mir meine oft knappe Tutti-Zeit heilig, zum anderen, weil man bei 20–30 Leuten im Chor niemals alle „glücklich" machen kann. Ich sage also: „Bitte singt euch individuell ein und kommt gut aufgewärmt zur Probe."
Wenn Einsingübungen bedeutet, gemeinsam ein Gruppenfeeling, eine musikalische Verbindung und Konzentration herzustellen, dann sehr gerne und immer. Hier lasse ich z. B. den Chor mit geschlossenen Augen im Raum stehen und auf beliebigen Tönen Cluster-Voicings auf *uuhhh* singen. Dann stelle ich Aufgaben, wie z. B. „Bitte kommt aus dem Cluster in ein Unisono" oder „Bitte bildet aus dem Cluster einen Moll7 Akkord".
So singen sie sehr angenehme *uuhhs*, wärmen nochmals ihre Stimme etwas auf und erfüllen gleichzeitig eine Hör-/Sing-Aufgabe als Gruppe.

Das macht für mich einen guten Chor aus:
Emotional beantwortet: Ein Konzerterlebnis, bei dem mich die Musik und die Performance so mitreißt, dass die Stunden wie Sekunden verrinnen und ich traurig bin, wenn das Konzert vorbei ist.
Technisch beantwortet: Wenn die Intonation astrein ist, der Chor zusammen phrasiert und eine gute Time zeigt. Wenn der Chor alle Vokale gleich färbt und perfekt *blend*et. Wenn ich diese Magie eines perfekt gemischten Klanges höre. Wenn sie den Text verstehen und gemeinsam „eine Geschichte erzählen".
Wenn sie dann auch noch emotional singen, gut performen (dies muss ausdrücklich nicht Tanzen oder Choreo sein) und ihr Publikum berühren, bin ich begeistert.

Das macht für mich ein gutes Chorkonzert aus:
Ein in sich stimmiges Programm, berührend und ausgereift präsentiert. Musikalische Exzellenz, gute Bühnenarbeit, künstlerisch interessante Songs in eigenen Arrangements. Vielleicht auch schönes Outfit, Licht und Bühnendesign.

Das möchte ich singen:
Die Frage, was „ich" singen will, stellt sich in meinen Chören selten. Ich achte sehr darauf, dass ich alle im Chor bei dieser wichtigen Frage mitnehme. Wir entscheiden also gemeinsam: „Was wollen wir singen?"

Diese drei CDs nehme ich mit auf die einsame Insel:
The Tony Bennett/Bill Evans Album, Johann Sebastian Bach ... egal was, Singers Unlimited.

Polyphonie hör- und sichtbar aufeinander (die Augen der Sänger verraten meist auch dieses Geheimnis)? Die Stimmgruppe, die damit erfahrungsgemäß die größten Schwierigkeiten haben könnte, ist der Sopran. Die „erste Geige" führt in der Regel an und lässt folgen. *Wir* sind die Melodie!
Daher viele Übungen machen, die das Hören schärfen. Z. B. singt der Chor ohne Dirigat oder sogar ohne Blickkontakt (großer Kreis, die Rücken in die Mitte). Oder es gibt beim Durchsingen konkrete Höraufgaben: Wir folgen jetzt dem Tenor! Und nun mal mit dem Alt als lauteste Stimme! Etc.

Die Hörmuschel

Die Sänger formen mit den hohlen Händen links und rechts eine Hörmuschel hinter den Ohren. Nun hört man sich selber viel intensiver und genauer. Dreht man die Handmuscheln um, vor die Ohren, nach hinten zeigend, hört man plötzlich alle anderen Sänger sehr viel mehr als sich selbst. Eine effektive Übemethode, nicht nur wenn es mal unsauber wird.

Improvisation

Mit dem Chor einfach drauflossingen?! Bei der skandinavischen Real Group gehört eine Improvisation regelmäßig zum Warm-up beim Soundcheck. Das geht auch mit einem großen Chor und fördert immens das Aufeinander-Hören, stärkt das kreative Selbstbewusstsein und macht auch noch viel Spaß!
Entspannter und ungehemmter geht es, wenn sich die Choristen dabei nicht in die Augen blicken müssen: Im Kreis stehen, die Rücken in die Mitte, und „los!". Es wird vorsichtig, vielleicht mit Clustern begonnen ... Oft findet der Chor doch schnell eine Tonalität, oft eine Pentatonik, einen Orgelpunkt bzw. Bordunbass, und oft und immer öfter traut er sich nach und nach mehr. Diese „Stücke" enden meist magisch – so wie sie begonnen haben, wenn alle irgendwie fühlen, nun ist genug. Spannend!

Alternativen:

– Eine einfache, bekannte Melodie vorgeben (z. B. *Amazing Grace, Auld Lang Syne, Der Mond ist*

aufgegangen, Guten Abend, gut' Nacht ...), auf Text oder Vokalisen. Die Sänger mögen daraus einen mehrstimmigen Satz improvisieren, vielleicht mit freier Intro und Outro!?
- Einen Groove vorgeben, ein Bass-Lick oder ein Beatboxpattern.
- Ein Thema vorgeben (z. B. Nebel, Weihnachten, Frühling, Sonnenaufgang, Wasser, Sonne, Glück ...).
- Eine (viertaktige) Harmoniefolge vorgeben ...
- Weitere „Aufgaben" stellen: der Chor möge alleine und selbstständig die Lautstärke variieren, oder das Tempo.

Wir singen eine Ad-hoc-Kadenz

Wenn der Chor auf Ansage in Halb- oder Ganztonschritten höher bzw. tiefer singen kann, lohnt eine Übung zum Hören und für die Intonation: Die Sänger beginnen mit einem vorgegebenen Akkord, locker auf einem *u* aushaltend, und wechseln auf Ansage des Chorleiters die Töne, jeweils in Fermaten:
„Der Alt bitte einen Halbton runter, Sopran und Tenor einen Halbton rauf ..."

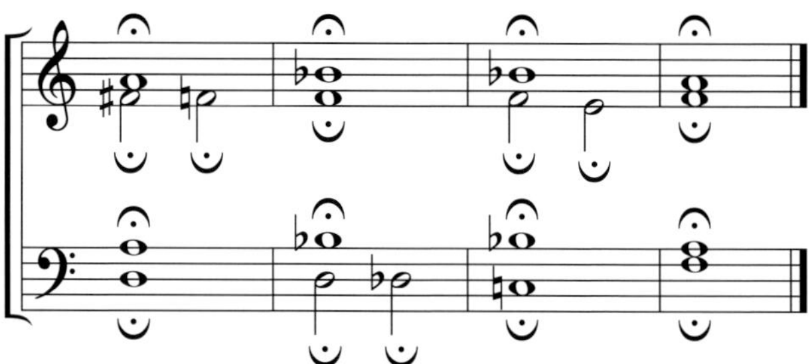

Ein runder Schluss ergibt sich, wenn man am Ende auf einem Dominantseptakkord landet.
„Und jetzt bitte auflösen." – Der Chor sucht sich nun selbst die Töne für die Tonika.
Unbedingt solche Kadenzen vorab am Klavier entwickeln und aufschreiben. *Never calculate in public* ist eine goldene Regel der Mathematiklehrer an Schulen. Die Gefahr ist zu groß, dass der Tonsatz sonst im Chaos endet.

Hör mal zu!

Nur wenn die Choristen wirklich aufeinander hören, kann sich ein homogenes Klangbild ergeben und auch die Intonation wird erst dann wirklich gut sein.
Eine einfache Übung beim Einsingen: Jeder singt einen Ton seiner Wahl und hält ihn auf *uh* aus (mit individuellem Nachatmen. Zum Töne-Aushalten immer offene Vokale wählen). Es entsteht ein Cluster. Nun kommt die Aufgabe: „Wir einigen uns auf *einen* Ton!". Es kann etwas dauern, aber für das Ergebnis müssen alle einander lauschen: auf den direkten Nachbarn und auch die Chorlegen hinter oder vor einem. Die Gesichtsausdrücke spiegeln übrigens schön den Prozess des Hörens und Sich-Findens.

- **Variante 1:** Alle schließen dabei die Augen (keine optische Ablenkung).
- **Variante 2:** Bunte Reihe, der Chor steht gemischt (besseres Hören, da links und rechts nun andere Stimmgruppensänger stehen).
- **Variante 3:** Der Chor steht im Kreis, mit den Rücken zur Mitte (eine tolle Herausforderung: kein Augenkontakt, keine optische Ablenkung und zudem eine völlig andere, neue Hörsituation).
- **Variante 4:** Das geht auch, indem jeder seinen eigenen Vornamen konstant wiederholt, sprechend und man sich dann auf *einen* Namen einigt
(Neu: Den Namen des Chorleiters von vornherein ausschließen).

Ganze Ganztöne!

Der Chor hält unisono einen Ton in angenehmer Mittellage auf *uh* oder *oh*. Die Sänger atmen chorisch nach und bleiben locker! Auf Handzeichen des Dirigenten geht es in *großen* Ganztonschritten auf- und abwärts. Die Sänger können bei guter Intonation die strahlende Helligkeit des Klanges bemerken und bewusst genießen. Spannend wird es nach oben ab dem Tritonus. Und nach unten bereits ab der kleinen Septime. Schafft der Chor sauber so eine Ganztonleiter?

Kann der Chor Kanon singen?

Die Frage klingt zunächst seltsam, aber ich erlebe immer wieder Chöre, die diese vermeintlich einfache

Singerei nicht sicher und souverän beherrschen: alleine einen Kanon zusammenzuhalten, ohne Dirigat, nur durch das Aufeinander-**Hören**.

Tensions aushören

Tensions sind Akkordzusätze, die Spannungen (engl. *Tensions*) erzeugen. Sie machen die Musik würzig und im wahrsten Sinne oft spannend. Eine None oder Septime singt sich aber anfangs nicht so einfach wie ein Grundton oder eine Quinte.
Das kann auch ein kleiner Teil des Warm-ups sein: Konzentriert bestimmte Intervalle (Quinten, Septimen, Sekunden, Nonen) auszuhören. Auf offenen Vokalen, damit sich der Chor nicht festsingt. Leise! Locker!

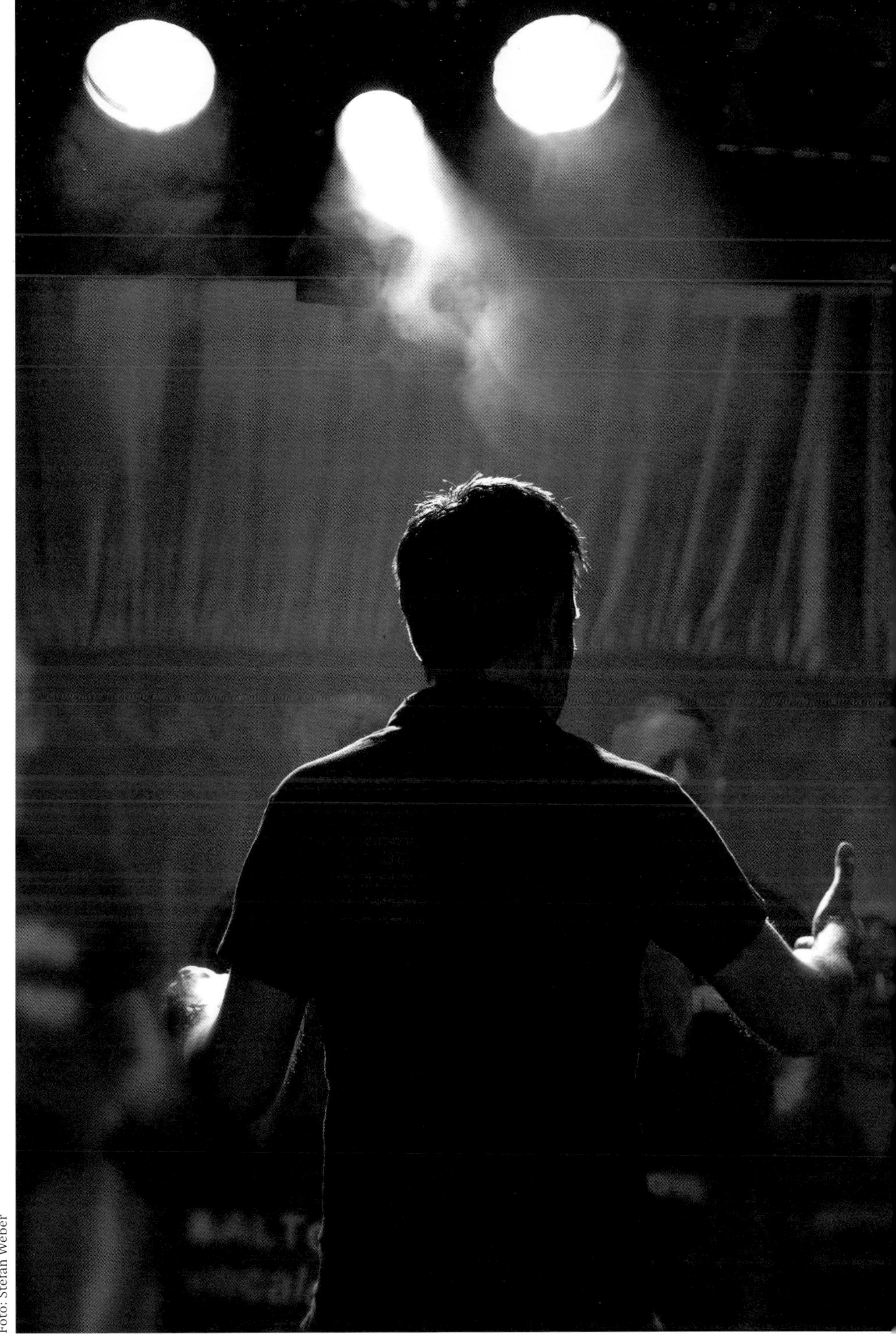

Foto: Stefan Weber

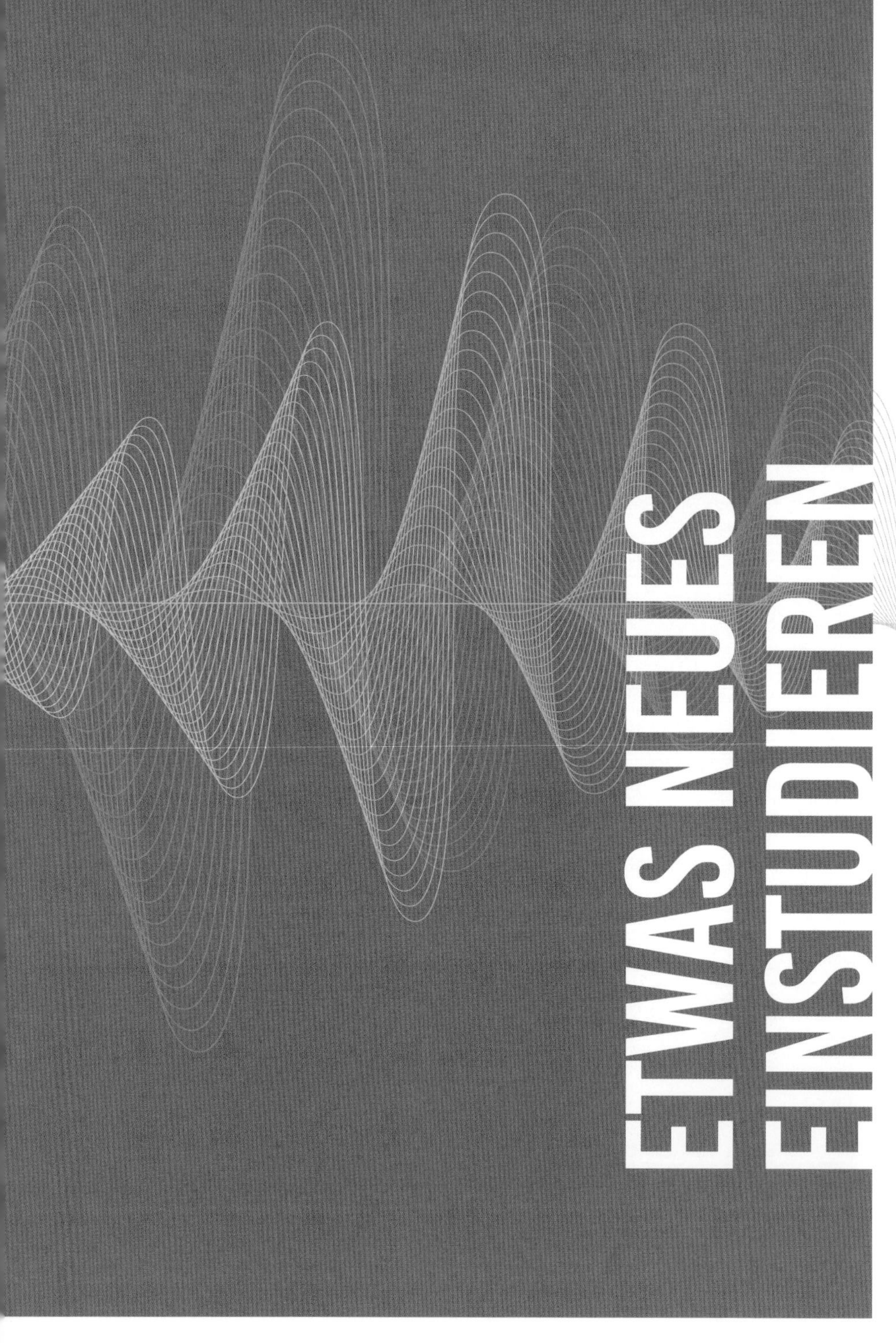

ETWAS NEUES EINSTUDIEREN

ETWAS NEUES EINSTUDIEREN

Meine eigene Vorbereitung

Mit den neuen Noten setze ich mich ans Klavier und singe für mich, ohne Zeugen, jede Stimme einmal *prima vista* vom Blatt. Mit dem Klavier kontrolliere ich, ob ich auch alles getroffen habe. Überall, wo ich rausfliege, mache ich mir ein kleines Zeichen in die Noten. An diesen Stellen wird der Chor anfangs sicherlich auch stolpern und womöglich Schwierigkeiten haben.
Anschließend übe ich, den harmonischen Extrakt des Stückes als angenehmes, durchsichtiges Pop-Piano zu spielen.
Und dann sollte es auch klappen, dass ich jede Stimme singe und mich dabei mit diesem Harmoniegerüst begleite. Das ginge notfalls auch mit einer Gitarre.

Mein innerer Chor ... ich höre Stimmen!

Kann ich mir den Chorsatz im Kopf klingend vorstellen, während ich die Noten studiere? Das lässt sich üben! Am besten trainiert sich das in absoluter Ruhe.

Wo atmen?

Atemmuster sollten sich immer an der natürlichen Konversation orientieren. Atemzüge dürfen den Sinnzusammenhang nicht zerschneiden: „Ich [atmen] liebe dich". Oder gar bei langen Tönen *im* Wort: „Ich lie – [atmen] – be dich!"
Ich überlege mir vorab, an welchen Stellen geatmet wird, welche Bögen dadurch entstehen und wie ich die Phrasen gestalten möchte. Auch die Dynamik lege ich fest. All das kann natürlich von den Vorgaben in den Noten abweichen. Wichtig ist nur, dass die eigene Interpretation im Ganzen einen gestalterisch-überzeugenden Sinn macht und die Chorsänger nicht das Gefühl haben, diese Entscheidungen würden zufällig bei der Probe fallen.
Ein mir bekannter Chorleiter nahm dieses Eintragen ganz leicht mit Bleistift in seinen Noten vor, und dann bei der Probe, beim Ansagen an den Chor, zeichnete er sie deutlicher nach. Damit hatte er für sich selbst ein kleines Protokoll, *was* er alles bereits angesagt hatte.

Dirigieren üben

Ab vor den Spiegel! Das Stück vor virtuellen Sängern durchdirigieren. Was ich vorab schon mal trainiert habe, geht in der Probe einfacher!

Einrichtung der Noten

Singe ich aus Kopien, könnte ich die Vorlagen vorab vor dem Vervielfältigen auch einrichten, d. h. Bögen, Atemzeichen, Akzente, Dynamik etc. für alle einzeichnen. Das spart Zeit.
Logo, ich kopiere nur Noten, die ich kopieren darf! Aber wenn kopieren, dann bitte richtig! Keine losen Blattsammlungen sondern wie ein Heft mit sog. Rückstichheftung. „Broschüre" heißt das Zauberwort für die größeren Maschinen in den Copyshops. Da wird dann auf A3-Blätter beidseitig gedruckt und anschließend automatisch gefaltet und geheftet. Dann hat es eine Form!

Diphthong-Fallen?

Zur Sicherheit können in der Vorbereitung die markanten Diphthonge (siehe Seite 132) in den Noten markiert werden. Damit ich schon bei der ersten Probe darauf achte, dass der Chor den Wechsel der Vokale popstilistisch richtig anlegt.

Übetracks

Wenn ich Übetracks für meinen Chor mache, setze ich mich mit dem Aufnahmegerät ans Klavier und singe die Stimme mit harmonischer Begleitung am Klavier vor. Dabei sage ich alle wichtigen Stellen extra an: „hier atmen, dann hauchig ... jetzt plötzlich und unerwartet ganz leise, hier einen Akzent ...".
Man kann dabei auch eine besonders schwere Stelle einfach 2- bis 3-mal vormachen. Vielleicht einmal langsam und einmal im Originaltempo.
Meine Sänger hören diese Tracks oft beim Weg zu ihrer Arbeit und kommen dann entsprechend vorbereitet in die Probe.
Wer ein Mikro, einen Laptop und ein Aufnahmeprogramm besitzt, kann den Satz vorab von Solisten des Chores einsingen lassen. Eine tolle eigene Vorbereitung für die erste Probe. Diese Einzelspuren sind nebenbei perfekte Übetracks!

Womit fang' ich an?

Das Ziel sollte sein, dass der Chor möglichst fix einen ungefähren Überblick über das *ganze* neue Stück hat. Das motiviert, und alles andere entmutigt und entmündigt letztendlich auch. Man kann sich gemeinsam eine Aufnahme anhören, es am Klavier vorspielen und -singen, oder wenn der Chor gut Blatt liest, einfach mal alles durchsprechen. Oder ich erkläre dem Chor kurz die Form anhand der Noten (Intro, Verse, Prechorus, Chorus ...). Dann geht es los mit dem Üben. Aber warum immer links oben mit der ersten Note loslegen? Vielleicht ist es für den Probenablauf viel spannender, wenn der Chor zunächst den Chorus erlernt. Oder das Ende! Das macht besonders Spaß, wenn man beim ersten Durchsingen den Schluss am besten kann.
Gibt es vielleicht eine „schwerste Stelle", die man gleich am Anfang, wenn noch alle mental voll dabei sind, anprobt und so entschärft? Oder, gegenteilig gedacht, einen besonders leichten Part für einen sanften Einstieg? Eine spannende Probe will gut geplant sein, didaktisch *und* dramaturgisch.

MORTON VINTHER

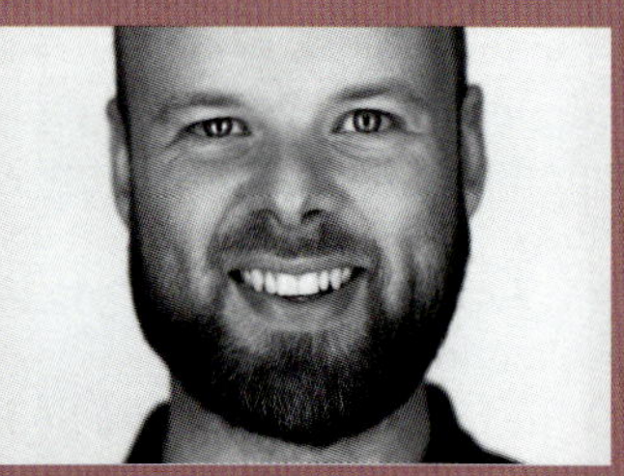

wurde in einem kleinen jütländischen Dorf in Dänemark geboren. Bevor er 2010 zur **Real Group** stieß, war er Mitglied bei **Vox11**, **Postyr Project** und **VoxNorth**, allesamt dänische Trendsetter-Vokalensembles, die neue, innovative A-cappella-Wege suchen. Neben dem Singen und Arrangieren kümmert sich Morton sehr um die Aufnahmen im Studio, den Mix und die gesamte Produktion. Er verehrt Bobby McFerrin und liebt Improvisationen mit anderen Sängern.

Das sage ich meinem Chor kurz vor dem Auftritt ... die letzten Worte vor dem Einsatz:
„Nicht vergessen: Habt Spaß!"

Daran denke ich beim Schlussakkord eines Stückes:
Solang ich noch singe, denke ich noch nicht an die folgenden Songs oder etwas anderes.

Welche A-cappella-Aufnahmen sollte man unbedingt gehört haben:
Vocal Line, *Emotional Landscapes*;
Bobby McFerrin, *VOCAbuLarieS;*
Rajaton, *Kevät;*

Ein sachdienlicher Tipp bei rhythmischen Herausforderungen im Chor:
Man sollte es körperlich enträtseln! Klatschen und mit den Füßen stampfen hilft, die Rhythmen auf einem anderen Weg zu „verstehen".

... und einer zur Intonation:
Aufeinander hören und am *timing* arbeiten. Und das Klavier als Korrektiv nutzen.

Was bedeutet Groove für dich?
Es ist eine körperliche Freude, die sich einstellt, wenn der Puls, die *Subdivisions* und Akzente organisch miteinander zusammenspielen.

Meine liebste Einsingübung:
Eine Kombination aus Atemübungen, körperlichem Aufwärmen und *tube phonation* (Stimmarbeit mit dem Schlauch, siehe Seite 60).

Das macht für mich einen guten Chor aus:
Wenn eine Gruppe die einzelnen ganz unverwechselbaren Persönlichkeiten nutzt, um ein ganz unverwechselbares Ensemble zu formen, das Verantwortung ausstrahlt, souverän und sicher auftritt und immer bereit ist sich weiter zu entwickeln.

Das macht für mich ein gutes Chorkonzert aus:
Offen für Kompromisse, so gut und sicher einstudiert, dass die Sänger locker musizieren und mit dem Publikum in Kontakt treten können und nicht nur fehlerlos „performen“ wollen. Und bei einem Konzert mit Einzelmikrophonen wünsche ich mir außerdem einen guten Toningenieur, der die Stücke kennt und weiß, was er macht.

Diese drei CDs nehme ich mit auf die einsame Insel:
Keith Jarret, *Kölner Concert;*
Ella Fitzgerald, am liebsten ein Best-of-Doppelalbum (um so viele Songs wie möglich zu haben);
bei der Letzten kann ich mich nicht entscheiden.
Sugarhill Gang, *Rapper's Delight*;
Joni Mitchell, *A Case of You*;
Bob Dylan, *Time Out of Mind*;
eine gute Aufnahme von Rachmaninovs *Vesper* oder Roxette, *Look Sharp;*

Das Geheimnis des Songs?

Es lohnt, nach den Hintergründen der Stücke zu forschen (Songfacts). Wann wurde es komponiert, für wen, warum, was war der größte Erfolg, wer oder was wird da besungen, was ist die Geschichte des Liedes.
Oft erlebt man spannende und unerwartete Überraschungen (z. B. *You Can Call Me Al* von Paul Simon hat eine völlig abgedrehte und nicht zu erahnende Entstehung, *Smoke on the Water* und *Sunny* ebenso! Auch wenn man im Grunde nur mal dem Vers lauschen muss ...). Dieses Wissen kann dann nicht nur ein motivierender Beitrag in der Probe sein, sondern auch später zur Anmoderation im Konzert dienen.

Gut zu wissen ...

Was *genau* wird in dem Song besungen? Viele Texte sind in poetischer Sprache und voller Metaphern, Bilder und Umschreibungen. Aber um was geht es wirklich? Erkenne ich alle Anspielungen und vielleicht eine versteckte zweite Ebene? Falls Fragen aus dem Chor kommen, mache ich mir vorab Stichpunkte in den Noten: Wer hat es wann komponiert, getextet? Welche Aussage? In welcher Stimmung soll mein Chor es singen? Was bedeutet der Text (bei fremdsprachigen Texten: Gibt es eine Übersetzung? Kenne ich jede Vokabel?).
Der deutsche Popsong *Hungriges Herz* von Mia (2004) wurde in der mystischen Coverversion vom belgischen Mädchenchor Scala von der Raiffeisenbank als Werbemusik (2009) eingesetzt, obwohl im Text eine Vergewaltigung beschrieben wird. Da hatte wohl allein die Musik die Ohren der Werber so sehr eingelullt, dass sie nicht mehr auf die eigentliche Textaussage achteten.
Ein ähnliches Beispiel ist im klassischen Chorlied das *Heidenröslein* (Text von Goethe). Fast ausschließlich singen Chöre diese Vertonungen mit beseelt, süßlichem Lächeln im Gesicht. Dabei beschreibt auch dieser Text einen brutalen, rohen Gewaltakt. Und natürlich ist die Rose, die da gegen ihren Willen „gebrochen" wird, ein Sinnbild für etwas, für jemand anderen.

Die innere Haltung!

Mit welcher Einstellung soll mein Chor das Stück singen? Verliebt, verträumt, aggressiv, wütend ...? Beispiel:

Royals (Lorde, 2013) kann man desillusioniert oder rebellisch singen. Die Interpretation gewinnt jedenfalls, wenn der Chor es stets als Protestsong empfindet. Und das möchte der Zuhörer von *jedem* Chormitglied sehen und bemerken.
Ein wichtiger Bestandteil der Probenarbeit ist also das Festlegen der gemeinsamen Haltung zum Stück.

Was singen wir?

Die Programmauswahl für ein Konzert darf eine bunte Mischung aus balladig und up-tempo sein. Aus ernst und heiter. Aus verschiedenen Sprachen? Pop ist oft englischsprachig. Vielleicht findet man einige deutsche Popsongs, die das etwas aufbrechen.
Das Publikum lacht gerne und möchte unterhalten werden! Aber viele Chöre nehmen sich selber viel zu ernst. Chor bleibt am Ende doch immer nur Chor. Den fetten Sound und Druck eines Rockkonzerts bekommt man rein a cappella schwerlich hin. Dazu wäre eine sehr ausgefeilte, umfangreiche Technik nötig.
Ich sehe oft Chöre, die ungewollt wie eine Persiflage eines bekannten Popsongs klingen. Besser steht man zum charmant *anderen* Klang eines Chores, versucht bewusst keine 1:1-Kopien und hält lieber Ausschau nach außergewöhnlichen Bearbeitungen. Und alles gewürzt mit einer Prise Humor und Leichtigkeit.

Überraschen!

Wenn das Publikum erahnt, was als Nächstes passiert, ist der Abend gelaufen! Das wusste bereits Goethe („Man merkt die Absicht, und man ist verstimmt"). Es gilt die Zuhörer zu überraschen mit Abwechslung, Unvorhersehbarem, entstaubten Perlen, Umtextierungen, guter Dramaturgie und knackig-zügigem Ablauf (Merke: Der Umbau darf nicht länger als das Stück dauern! Der Bühnenauftritt übrigens auch nicht ...).

Wo finde ich die passende Chorliteratur für meinen Chor?

Von vielen Arrangements gibt es inzwischen Aufnahmen im Internet. Einige Verlage verschicken aufwendig eingesungene CDs der Neuerscheinungen kostenlos als Werbung. Da lohnt es, sich in den Verteiler eintragen zu lassen. Bei YouTube lohnt die Suche nach dem Song plus

JUAN M. V. GARCIA

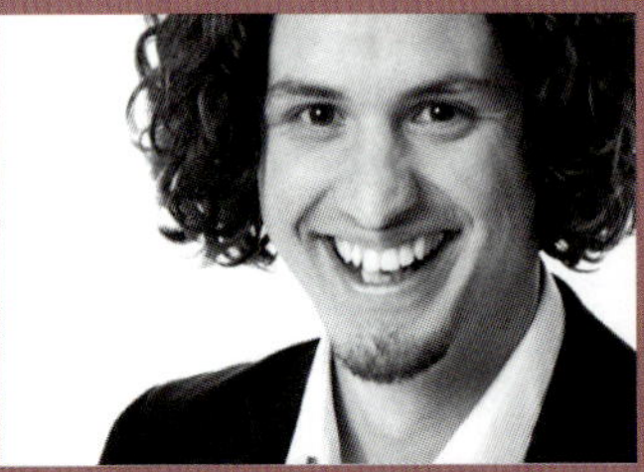

ist Professor für Chor- und Ensembleleitung an der Hochschule für Musik Franz Liszt Weimar. Er studierte an der Universität Bremen kurzzeitig Lehramt Musik mit dem Hauptfach klassischer Gitarre, bevor er zum Gesangsstudium an die Hochschule für Musik und Theater „Felix Mendelssohn Bartholdy" wechselte. Zur Studienzeit sang er im Bundesjugendjazzorchester, erhielt einen Plattenvertrag bei WEA und gründete das Vokalquartett **Klangbezirk**, mit dem er vier Alben produzierte und zehn nationale und internationale Awards gewann. Juan moderierte *Apassionata*, war Darsteller in Theaterproduktionen, musikalischer Leiter an diversen Theatern, Pop-Produzent und Multiinstrumentalist bei Formationen wie **Die Herrmann**. Er ist Dozent der Pop-/Jazzchorleiterausbildung der Bundesakademie Wolfenbüttel, regelmäßig Vocalcoach des Bundesjungendjazzorchesters und gibt bundesweit Workshops. Seine beiden Bücher *Head-Arrangements* und *Warm-Up-Arrangements* haben die Chorlandschaft mit ungewöhnlichen Ideen bereichert.

Das sage ich meinem Chor kurz vor dem Auftritt ... die letzten Worte vor dem Einsatz:
Die mit dem Chor ausgemachten Stimmungsbilder des jeweiligen Songs.

Daran denke ich beim Schlussakkord eines Stückes:
Ich fühle mehr (Freude), als dass ich denken könnte.

Welche A-cappella-Aufnahmen sollte man unbedingt gehört haben:
Die chinesische Platte von Klangbezirk: *Mandarin Songs*. Chinesische Lieder im europäischen Harmoniegewand zu singen war die schönste interkulturelle Erfahrung meines Lebens! Sorry für die Eigenwerbung!

Ein sachdienlicher Tipp bei rhythmischen Herausforderungen im Chor:
Intellektuell sind die nicht lösbar – es muss ins Gefühl! Wer sich davor sträubt, den Puls in sein Körpersystem zu lassen, hat wenig Chancen die Vorzüge und Reize von z. B. *Offbeats* zu erfahren!

... und einer zur Intonation:
Alles was man singt, sollte ins Verhältnis zu einem totalen Zentrum gesetzt werden und fast noch wichtiger: bevor man einen Ton singt, sollte man ihn sich im Geiste vorstellen können!

Was bedeutet Groove für dich?

Die Korrespondenz zwischen Down- und Backbeat.

Meine liebste Einsingübung:

	Loyoloyoloyolo ...	Layalayalayala ...
S	1-3-5-6-#4-2-1	1-3-5-6-#4______
A	1-3-5-6-#4-2-1	1-3-5-6-#4-2____
T	1-3-5-6-#4-2-1	1-3-5-6_________
B	1-3-5-6-#4-2-1	1-3-5-6-#4-2-1__

Das macht für mich einen guten Chor aus:

Wenn ein Chor auswendig und mit feinen Antennen für die Mitsänger singt!

Das macht für mich ein gutes Chorkonzert aus:

Wenn ich Geschichten sehen und hören kann. Wenn ich keine Dressurpferde erlebe.

Das möchte ich singen:

Habe vor ein paar Jahren aufgehört zu singen. Wenn ich wieder singe, dann weil ich eine Message weiß, die es zu streuen gibt!

Diese drei CDs nehme ich mit auf die einsame Insel:

Lifebathing von Jenny Garcia, *Wood* von GAWD und *Klangbezirk* von Klangbezirk. Dann vergesse ich in der Einsamkeit nicht, wer ich bin und was mich ausmacht.

dem Begriff *a cappella* oder plus *choir* bzw. *Chor*.
Wenn dennoch der Wunschtitel unauffindbar ist: selber machen! Oder selber machen lassen. Alle Arrangeure, die ich kenne, schreiben auch gerne auf den Leib.

Ich will nicht immer nur *dm dm* singen!

Diese Beschwerde hört man immer wieder, besonders von Bässen. Nun hat sich die Art zu arrangieren stetig weiter entwickelt und geändert. Die anfängliche *du-du*-Euphorie ist verflogen. Immer häufiger sieht man die Versuche, sich vom konventionellen *du* und vom *dm* im Bass zu lösen. Das ist aber gar nicht so leicht! Wenn eine vokale Begleitstimme keinen Text singen soll, bleiben nur Vokale bzw. Klangsilben. Und das ist ja auch ein sehr stiltypisches Element vom Popchor.
Bei solchen Unmutsäußerungen kann man daher entweder nach seltenen, exotischen Poparrangements ohne Klangsilben suchen oder darauf hinweisen, dass Popchor eben nun mal so ist: *Dm-tzk-bau*! Die Bässe mögen doch bitte stolz sein, dass sie die Aufgabe des Bassisten *und* z. T. auch des Schlagzeugers einer Band übernehmen. Das sind die coolsten Parts. Sie sorgen für den *Groove* und den *Wums*!

Reading-Session

So lernt man gerne neue Chorliteratur kennen: Die anwesenden Chorleiter und interessierten Sänger bilden einen Chor und singen unter Anleitung *prima vista*, also vom Blatt nigel-nagel-neue Chorwerke durch. Eine tolle Idee aus Amerika, die sich nun nach und nach auch hier etabliert. Im Idealfall hat jedes Stück eine Chance von max. sieben Minuten. Wünschenswert wäre, wenn man vom Dozenten noch auf schwere Stellen hingewiesen wird bzw. ein paar sachdienliche Tipps zum effektiven Einstudieren bekäme. Dann wird es an- oder sogar durchgesungen. Jeder Teilnehmer erhält nun einen ersten, selbst erlebten, ersungenen Eindruck von den Noten und macht sich vielleicht fix Notizen, ob es gefallen hat und welche Tipps er selber beherzigen möchte. Dann kommt das nächste Stück.
Es lohnt, sich bei den Chorverlagen nach Reading-Sessions zu erkundigen!

Schaff ich das alles überhaupt noch bis zum Konzert?

Für meine eigene Probenplanung habe ich mir ein System zurechtgelegt, das die Probe nach dem Einsingen in drei Teile gliedert: Im ersten Teil erarbeite ich Neues, im zweiten wiederhole ich das, was in den letzten Proben neu war, und am Ende singen wir mehrere Stücke einfach durch. Auf meiner Probenplanung verteile ich alle Konzertstücke in diese drei Kategorien. Damit bekomme ich schnell ein Gefühl, ob das Konzertprogramm in der zur Verfügung stehenden Zeit erprobbar ist. Das beruhigt!
Meine Planungsideen erläutere ich detailliert im Buch *JUST SING IT – Ideen zur Popchorleitung*, Helbling, 2012.

DIE CHORPROBE

DIE CHORPROBE

Disziplin

Das klingt so preußisch streng und negativ behaftet. Aber eine Probe, in der es drunter und drüber geht, unruhig ist und alle ständig ungefragt durcheinander reden, ist unproduktiv und für alle anstrengend.
Mir fällt dieser Kanon ein, der besagt und besingt, Chorsingen sei Diktatur ...
Es kann viele demokratische Momente geben, z. B. bei der Stückauswahl, Konzertthemen, Chorkleidung, Außenwerbung ..., aber über ein Crescendo wird lieber nicht abgestimmt.

Pünktlich beginnen

Die Probe beginnt zum verabredeten Zeitpunkt. Wenn sich der Chorleiter selber noch unterhält, organsiert oder gar (absolutes No-Go!) selbst zu spät kommt, warum sollten dann die Choristen pünktlich singbereit sein? Auch hier gilt: *Practice what you preach*!

Klare Ansagen machen!

Diffuses Gelaber, das Suchen nach den richtigen Worten, unklare Anweisungen ... All das bremst, fördert Unruhe und saugt Energie.

Bitte nie vergessen ...

Die Chorsänger kommen zur Probe, um Spaß zu haben!

Probenzeit ist kostbar!

Gut vorbereitet in die Probe. Nicht erst dort überlegen was, wie, wann, wo gesungen werden soll.

Hat der Chor schon wieder Sprechstunde?

Wird in der Probe viel durcheinander geredet und ist es unruhig? Es liegt doch fast immer an uns Chorleitern. Besser Fragenstellen vermeiden („Wissen alle, wo wir jetzt in den Noten sind?") – von 50 Sängern antworten mindestens 45.

Und auch hier hilft es, in gnadenloser Selbstanalyse den Tonmitschnitt der eigenen Chorprobe zu studieren: Wann wird der Chor unruhig? Wieso? Sind meine Ansagen klar und deutlich? Warte ich selber mit dem Reden, bis es ruhig ist?

Los, traut euch!

Ich muss nicht alles vorkauen und erst vormachen und erklären! In einer Probe sollte es auch immer Prima-vista-Momente für den Chor geben. Auch wenn nicht alles klappt, auch wenn die Sänger rausfliegen. Sie lernen es im Laufe der Zeit nur, wenn sie auch die Möglichkeit bekommen, es zu probieren.
Bei diesen Durchläufen zeigt der Chor übrigens gleich selber die kniffligen Stellen auf. Merken, was nicht klappt!

Bieten Sie mal was an!

Es gibt Theaterregisseure, die sich zunächst von den Schauspielern eine eigene Interpretation vorspielen, „anbieten" lassen. Der Grund mag sein, dass sie nicht alles vorgeben wollen, kein einengendes Gerüst bauen und die individuelle Kreativität und Entfaltung fördern wollen oder weil sie vielleicht selbst gar keine Ideen haben ...?
Lass ich den Chor bei einem neuen Stück einfach drauflossingen, lässt das sicherlich das Selbstbewusstsein meiner Truppe wachsen, aber womöglich entsteht und verfestigt sich gleich eine Interpretation, welche ich überhaupt nicht anstrebe und die sich dadurch später schwer umformen lässt.

Es muss *mir* Spaß machen!

In der Schule hatte ich eine wunderbare Musiklehrerin. Almut Zirr fragte uns Schüler in einer Stunde der achten oder neunten Klasse, was wohl das „Wichtigste" an ihrem Musikunterricht hier sei. Wir rätselten: „Dass wir viel lernen!?" – „Nein, das ist nicht so wichtig!", war die Antwort. „Dass wir immer ruhig sind!?", „Dass wir die richtigen Antworten geben!?" ... alles war falsch. Die Lösung, auf die wir nicht kamen, war: Dass es *ihr* selbst, der Lehrerin, *Spaß* macht!

Was für eine tiefe Weisheit, die perfekt für so viele Dinge im Leben und eben auch besonders für Chorproben gilt. Wenn es dem Chorleiter Spaß macht, ergibt sich der Rest fast von allein ...

Der Ehrenkodex

Eine wunderbare Idee von Marc Secara: Er trifft mit seinen Choristen einige Vereinbarungen, einen Chor-„Ehrenkodex“:

- Wir kommen pünktlich zur Probe.
- Wir kommen eingesungen und fit zur Probe.
- Wir kommen vorbereitet zur Probe und beherrschen unsere Parts.
- Kein „Private Talk“ während der Probe.
- Wir proben hoch konzentriert und haben dennoch Spaß.

Der zweite Sopran

Diese Stimmgruppe stets hegen und pflegen! Der zweite Sopran ist in vielen fünfstimmigen Arrangements die schwerste und oft unsanglichste Mittelstimme. Knapp unter der Melodie, gefühlt ganz knapp vor dem Ziel ... Wer sich dieser Herausforderung stellt, verdient regelmäßig Extrabelobigungen und Streicheleinheiten.

Ersprechen, ersummen ...

Es ist sehr hilfreich, Text und Töne anfangs zu trennen. Nach einem gesprochenen Durchgang (vielleicht leise vom Klavier begleitet) darf ein gesummter (oder auf offene Vokale) folgen. Einfach mal so, vom Blatt, drauf los. Das Klavier hilft auch hier. Das Ziel ist das Kennenlernen des Stückes.

Und ewig grüßt ...!

Eine knifflige Rhythmusstelle lasse ich in einer Endlosschleife sprechen bzw. singen. Solange, bis es groovt. Notfalls im halben Tempo.
„Nochmal“, „nochmal“ ... irgendwann kommt die Ansage „weiter!“. So bleibt der Groove des Stückes erhalten. Kein energiefressender Abbruch und Neueinsatz. Eine Probenschleife, ein *Loop*.

Anwesenheit

Das ist ja ein leidiges Thema für fast alle Chorleiter! Wie schaffe ich es, dass möglichst immer alle pünktlich

da sind? Gut zureden, darum bitten, drohen, bei Nichterscheinen abstrafen ...? Zu allererst sollte stets die Anwesenheit protokolliert werden. Auch das Zuspätkommen und ein Hinweis auf unentschuldigtes Fehlen. Die berühmte Anwesenheitsliste. Als Chorleiter kann ich mir die, die zu oft fehlen oder zu spät kommen, persönlich, unter vier Augen vornehmen. Mit dem ganzen Chor spreche ich regelmäßig darüber, wie sehr die Fehlerei das ganze Projekt, die Mission ausbremst und wie unkollegial, unhöflich, ja unsozial auch das Nach-und-nach-Eintrudeln ist.
Ich sang lange selber in einem großen Berliner Chor, bei dem der Chorleiter alle Choristen, die mehrfach gefehlt hatten, sehr freundlich zu einem kleinen Individual-Termin „am Flügel" zu sich nach Hause bat. Das hatte enorme Wirkung, denn da wollte sich niemand blamieren und jeder, der antreten musste, hatte sich natürlich vorher selber gut vorbereitet. Irgendwie ahnte und wusste er es wohl, und schnell saßen wir bei Kaffee und Kuchen. So hatten aber alle Sänger geübt, ohne dass er sich selber noch groß engagieren musste.

Der Ach-ja-Durchgang

„Wir singen das Stück jetzt zweimal: einmal den *Ach-ja-Durchgang*, bei dem wir uns an alle vereinbarten Akzente, Betonungen, Phrasierungen etc. erinnern (meistens eben einige Zehntelsekunden nach der Stelle ... *ach ja!)* und dann gleich noch einmal mit frisch verbundenen Synapsen." Das macht Spaß, entkrampft beim ersten Mal und bringt garantiert bei der Wiederholung ein tolles Ergebnis.
Es sollte solche Konzerte geben ... „Liebes Publikum, heute singen wir jeden Titel zweimal ..."

Wir feiern das *K*!

Einer meiner Workshops-Hits in letzter Zeit ist *Wunder gescheh'n* von Nena als SAB-plus-Piano-Satz (Helbling Verlag). Dabei ist oft der genaue Rhythmus der Melodie die Herausforderung, denn jeder meint es zu kennen, hat es schon mal irgendwie gehört und das führt in der Probe zu vielen Ungenauigkeiten (ähnlich wie beim Einstudieren von ABBA-Songs, die kennt auch jeder etwas anders!). Bei der Textzeile *„und die Angst kommt über Nacht ...“* erklingt das Wort *kommt* auf der zwei und rutscht gern nach vorn. Es hilft, wenn ich noch *vor* dem ersten Vorsprechen und Prima-vista-Singen ansage: „Wir feiern hier das *K* auf der zwei!“. Der Hinweis hat meistens große und langanhaltende Wirkung.

Brummer?

Heureka! In meinen Chören konnten bisher alle Sänger die Töne ihrer inneren Vorstellung nach auch in der richtigen Tonhöhe singen. Nun, manchmal mit kleinem Toleranzbereich, aber das Ziel war stets erkennbar!
Mit *„Brummer“* bezeichnet man Menschen, die ständig richtig „falsch“ singen, der Fachmann nennt es „desorientiert“. Das kann organische Gründe beim Hören haben oder nur eine „Orientierungsschwäche“ sein, die sich auch reparieren und justieren lässt.
Ich habe mehrfach mit Chören gearbeitet, in denen *„Brummer“* mitsangen. Es waren anstrengende Proben. Zum einen klang es nie wirklich sauber und zum anderen konzentrierte ich mich mehr und mehr nur noch auf diese falschen Stimmen. Ich konnte sie nicht ausblenden. Im Gegenteil: Meine ganze Aufmerksamkeit für den Gesamtklang, die Intonation, Ausdruck etc. gingen verloren. Brummern das Tönetreffen zu lehren ist eine hehre Aufgabe, aber bitte außerhalb einer Tutti-Chorprobe. Solange sie im Tritonus-Organum singen, würde ich sie aus dem Chor nehmen. Es bringt das Schiff zu sehr ins Schlingern ...

Probensitzordnung

Es lohnt, die traditionelle Sitzordnung (mehrere Stuhlreihen im Halbkreis nach vorne zum Dirigenten) so oft wie möglich zu ändern und aufzubrechen: Mal gemischt sitzen, verteilt im Raum stehen oder durcheinander gehend ... Das ändert die Hörsituation und fordert ein intensiveres Aufeinander-Achten und -Hören.
Mein Chor (22 Sänger) probt im Kreis. So sehen sich alle Chormitglieder gegenseitig an, und ich habe in der Mitte eine perfekte Hörkontrolle ... Surround-Sound par excellence!

MICHAEL BETZNER-BRANDT

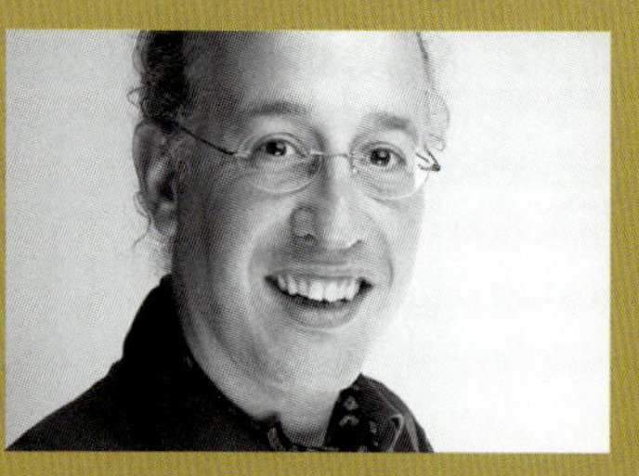

lebt als Dirigent, Autor, Pädagoge und Stummfilmpianist in Berlin. Mit seinem mehrfach preisgekrönten Chor **Fabulous Fridays** entwickelt er groovende, zeitgenössische Chormusik, die er in der Reihe *modern a cappella* im Carus-Verlag herausgibt. Außerdem ist er Gründer und Leiter des **Ich-kann-nicht-singen-Chores**, des Rock-Pop-Chores 60+ ***High Fossility*** sowie des Begegnungschores Berlin – **Berliner singen mit Geflüchteten**. Michael schrieb zahlreiche Veröffentlichungen und gab und gibt Konzerte und Workshops zum Thema „Chor kreativ: Singen ohne Noten".

Das sage ich meinem Chor kurz vor dem Auftritt ... die letzten Worte vor dem Einsatz:

Bei den Fridays haben wir ein Ritual. Wir machen den „Kraftkreis" bzw. „Gruppenkuscheln". Alle stehen eng im Kreis und umarmen sich. Wir singen lange Töne, Cluster. Erst mit geschlossenen Augen, dann mit Blickkontakt, jeder zu jedem. Danach ist immer der Moment, wo besondere chorspezifische, persönliche Ereignisse nochmal erwähnt werden, z. B. X singt heute zum ersten/letzten Mal mit („Vielen Dank für die Zeit mit dir!"; „Schön, dass du jetzt dabei bist."). Von da aus gehen wir direkt auf die Bühne.

Daran denke ich beim Schlussakkord eines Stückes:

Gleich schließt sich der Energiekreislauf. Wir haben unsere musikalische Energie gegeben, jetzt ist der Moment zum Umstellen: Jetzt nehmen wir die Energie aus dem Publikum auf, also Applaus. Kurz: Danke, jetzt seid ihr dran. Wir hören und spüren.

Welche A-cappella-Aufnahmen sollte man unbedingt gehört haben:

Bobby McFerrin, *Circlesongs, VOCAbuLarieS*; Take 6, *A Quiet Place*;

Ein sachdienlicher Tipp bei rhythmischen Herausforderungen im Chor:

Rhythmus ist Bewegung. Hat jemand die Bewegung noch nicht im Körper? Oder liegt es daran, dass die Sänger noch lesen und also denken? Beides kann zu Verzerrungen führen.

... und einer zur Intonation:

Lieber zu hoch als falsch. ;-) Das sagte einer meiner Lehrer, Uwe Gronostay, gerne und auch er meinte es nicht wirklich ernst.

Was bedeutet Groove für dich?
Im Kontakt sein: mit sich, mit meinem Körper, mit dem Nachbarn, mit dem Stück, also der Musik, mit der Message. Groove ist sexy.

Meine liebste Einsingübung:
Die kürzeste Oper der Welt: *Hello, I love you, good bye.* (1-3-5-8-5-3-1). Und Call and Response.

Das macht für mich einen guten Chor aus:
Dass die Akteure sowohl in der Lage sind, bis ins kleinste Detail das abzurufen, was geprobt wurde, und zum andern komplett intuitiv agieren und emotional aus sich herausgehen können und dazu die Sensibilität und das Gespür haben, zu wissen und zu spüren, wann welcher Modus ok bzw. gefordert ist.

Das macht für mich ein gutes Chorkonzert aus:
Wenn sich bei mir das Gefühl einstellt, die Akteure auf der Bühne denken nicht in erster Linie an „richtig machen", sondern an „Spaß haben".

Das möchte ich singen:
Gesang ist Dasein (Rilke).

Diese drei CDs nehme ich mit auf die einsame Insel:
Wer hat denn noch CDs? (Ansonsten siehe oben.)

Bunte Reihe

Schon nach kurzer Probenzeit lohnt ein Durchgang in „bunter Reihe“: Die Choristen mischen sich so, dass die starre Stimmgruppeneinteilung aufgebrochen wird. So hört jeder früh die Stimmen der anderen.

Chorinseln

Wir bilden viele kleine Gruppen mit jeweils einem Sänger, einer Sängerin aus jeder Stimmgruppe. Das fördert das Hören aufeinander und zwingt die Choristen aus der vermeintlich „sicheren“ Tuttigruppe.

Lange Rede, kurzes Lied?

Ist der korrigierende, anleitende Redebeitrag des Chorleiters nach dem Proben eines Abschnitts länger als der gesungene Teil? Ein Probenmitschnitt gibt Auskunft und Einsicht. Zu viele Erklärungen ermüden den Chor! Weniger reden, mehr zeigen, mehr singen! Jedes Wort zu viel ermüdet! Jede Note macht Spaß!
Aber auch bei Moderationen im Konzert gilt: Die Ansage sollte nicht länger als das Stück sein.

Mit dem Klavier in die A-cappella-Probe?

In der klassischen Chorleiterausbildung wird oft vor dem Klaviereinsatz in der Probe gewarnt. Der Chor könne später nicht richtig intonieren, sänge nicht sauber ...
Ich nutze das Klavier, um den Sängern das harmonische Gerüst des Stückes zu zeigen. Es genügt, den harmonischen Extrakt zu spielen, die *Changes*, oder manchmal auch nur den Grundton oder die Bass-Stimme zu stützen und dazu zu singen. Sicher ginge es auch durch A-cappella-Erarbeiten der Einzelstimmen, die dann zusammen, nach und nach eine Harmonie ergeben, aber es geht schneller und effektiver und motiviert mehr, wenn der Sänger sich von Anfang an harmonisch sicher fühlt.
Mein lieber Kollege Gunter Berger sagt treffend: „So wenig Klavier wie möglich, so viel wie nötig.“

Sisyphos?

Nichts ist nerviger, als wenn sich Choristen gestalterische Absprachen wie Akzente, Dynamik oder spezielle Phrasierungen nicht merken. Aber das ist weit verbreiteter Chorprobenalltag: Eine extra starke Betonung z. B. ist leider oft beim zweiten Durchsingen noch zu 60% da und nach einigen Wochen nur mehr rudimentär zu erahnen.

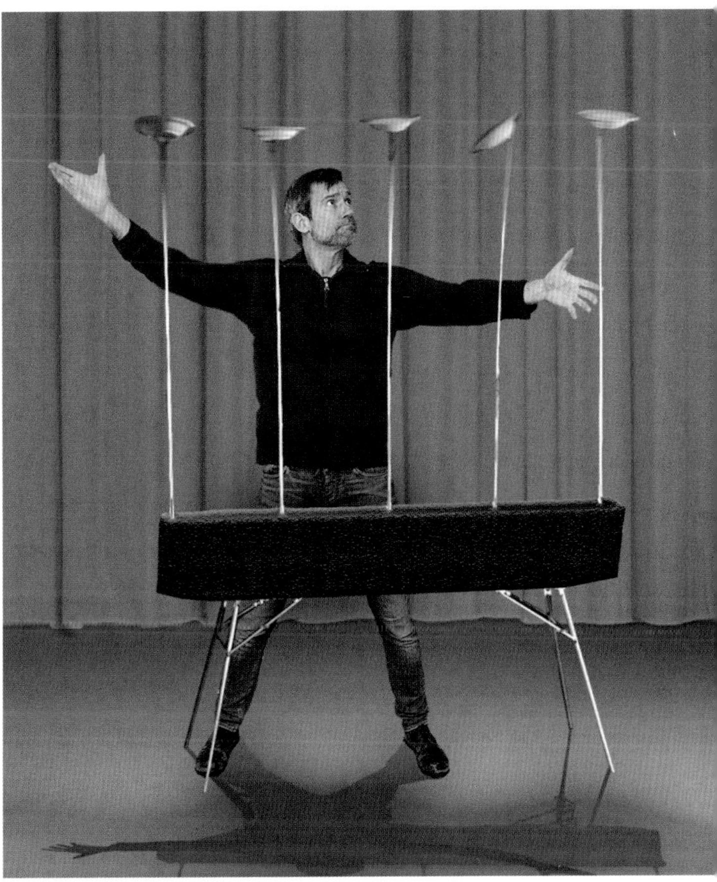

Da braucht es Chorerziehung und stetes Ermahnen, dass solche Vortragsdinge wirklich immer und richtig gemacht werden.

Als Chorleiter fühlt man sich manchmal wie der Typ im Zirkus, der Teller auf Stangen dreht: Wenn er einen Teller in Schwung gebracht hat, widmet er sich dem nächsten. Während er Nr. 2 in Bewegung bringt, verliert Nr. 1 aber schon wieder an Schwung. Dann dreht er dort fix nochmal nach. Dann kommt Nr. 3. Er muss sich aber parallel auch immer wieder um Nr. 2 und Nr. 1 kümmern ... Dieses Bild kann man dem Chor ruhig mal vorstellen. Denn genau so sollten Proben *nicht* sein!

Ich würde mit dem Chor eine Verabredung treffen, einen Vertrag schließen: Alles, was einmal angesagt wurde, gilt bis zum jüngsten Gericht und wird auch immer so gemacht. Den Nerven der Chorleitung zu liebe!

Chorerziehung

Der stete Tropfen ... Jeder Chor lässt sich nicht nur musikalisch formen sondern auch in Sachen Probenarbeit „erziehen". Nicht nachlassen, an die selbstgesetzten Standards (z. B. Anwesenheit, Pünktlichkeit, Ruhe in der Probe, Absprachen einhalten, Präsenz etc.) zu erinnern! Nicht nachlassen ...

Sing mal nicht so laut!

Leise singen kostet viel mehr Körperspannung und ist viel anstrengender als das übliche Chor-*forte*. An das Wiederzurückfahren der Lautstärke nach einer lauten Stelle müssen die Sänger oft und immer wieder erinnert werden. Nicht aufgeben! Es lohnt.

Probenablauf

Eine gute Probe folgt einer abwechslungsreichen, vorab durchdachten Dramaturgie. Z. B. probt man nach einer Ballade lieber eine Uptempo-Nummer. Oder es sollte nach hinten raus das Material einfacher werden oder bereits bekannt sein. Die Konzentration lässt spätestens nach 90 Minuten nach. Daher die neuen und komplizierten Abschnitte am Anfang proben.
Und am Ende ein Stück, welches alle können, alle mögen und womit die Sänger schwungvoll und beswingt (!) nach Hause gehen.

Hat jeder einen Bleistift?

Das könnte die erste Anschaffung aus der Chorkasse sein: eine Kiste voller angespitzter Bleistifte. Ich kenne einige Chöre, die dieses Thema in einem schwedischen Möbelhaus lösten ...
Natürlich soll sich jeder Sänger alle Angaben zu Atemzäsuren und Dynamik etc. notieren!

Geht's auch ohne mich?

Lassen Sie den Chor das Stück ganz alleine singen. Ohne Dirigat. Es mag am Anfang klappern und unsicher sein, aber da die Sänger nun viel intensiver aufeinander hören müssen, renkt es sich meistens schnell ein. Und oft klingt der Chor dann viel wacher und homogener! Ups, es geht auch ohne Dirigenten? Warum dann eigentlich noch groß rumfuchteln, wenn die Gruppe es auch so kann? Solch ein Singen stärkt das Selbstbewusstsein und das Engagement der Sänger!

Kann der Chor auch ganz alleine anfangen?

Das ist ein spannender Moment. Wenn das Stück bereits gut sitzt, lohnt sich der Versuch. Töne geben – und dann sollen die Sänger mal alleine starten, möglichst alle zusammen. Und wenn das klappen sollte, wie kann ich als Dirigent dann mein Dirigat reduzieren oder ändern?

Gute Didaktik

Niemand schiebt sich ein großes Wiener Schnitzel als Ganzes in den Mund. Der zivilisierte Mensch hat gelernt: Schneide es in kleine, leicht kau- und konsumierbare Teile. Das Bild übertragen auf den Probenprozess:
Die Neueinstudierung eines Stückes im Chor gelingt viel effektiver, schneller und macht garantiert viel mehr Spaß, wenn die Sänger nicht überfordert werden: Neue Noten, neuer Text, Rhythmus, Mehrstimmigkeit, fremde Sprache, gar noch Dynamik ... Alles gleichzeitig?
Die Herausforderungen trennen: trickige Rhythmusstellen erklatschen, Text sprechen, Töne auf neutrale (offene) Klangsilben ersingen ... Viele kleine, leicht zu bewältigende Aufgaben aneinanderreihen!

Der Italienische

In der Theaterwelt gibt es den Begriff des „italienischen“ Durchgangs: Die Darsteller treffen sich gern im Foyer und *nicht* auf der Bühne und sprechen das komplette Stück im Affenzahn durch. Da reduziert sich ein abendfüllendes Zwei-Stunden-Werk zu einem 45-Minuten-Sprint. Im Ergebnis wirkt so ein „Italienischer“ wie eine Frischzellenkur für die spätere reale Aufführung.
Motiviert man den Chor, ein altes, vielleicht bereits etwas abgesungenes Stück nochmals nur zu sprechen und dabei besonders auf gute Phrasierung und Dynamik zu achten, gibt es oft einen ähnlichen „Entstaubungs-Effekt“. Der anschließende Gesang klingt wieder frischer, crisper und lebendiger.

MATTHIAS KNOCHE

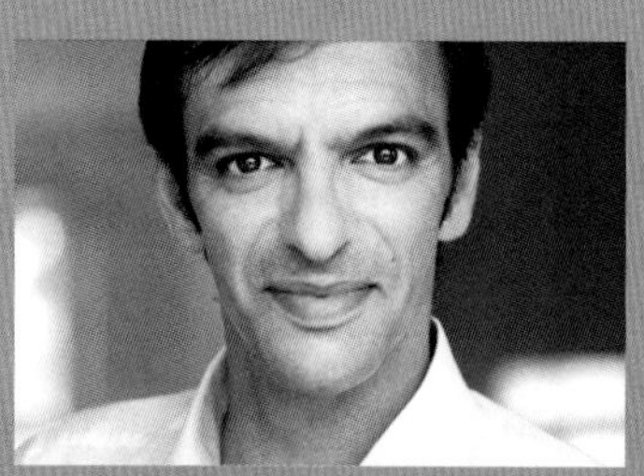

ist Bass und Vocal Percussionist des Vokalensembles **Klangbezirk**. Er studierte Jazzgesang, Gesangspädagogik und Arrangement an der Hochschule für Musik und Theater Leipzig und sammelte in Ensembles, Chören und im Bundesjugendjazzorchester **BuJazzO** langjährige Erfahrung mit verschiedensten Facetten der Vokalmusik. Neben seiner Tätigkeit im Ensemble ist er als Gesangssolist und Arrangeur für die Leipziger Big Band **Spielvereinigung Sued** tätig. Matthias arbeitet als selbstständiger Gesangspädagoge, Chorleiter und Arrangeur, gibt Workshops, unterrichtet Chorleitung an der Universität der Künste Berlin und leitet den Berliner Chor **JazzVocals**.

Das sage ich meinem Chor kurz vor dem Auftritt ... die letzten Worte vor dem Einsatz:

Kurz vor dem Auftritt erinnere ich meine Sänger noch einmal daran, dass es vor allem um die Musik geht und nicht um fehlerfreies Singen. Direkt vor dem Einsatz rede ich nicht, ich lächle alle an und bringe alles, was das Stück braucht, in meinen Count-In ein.

Daran denke ich beim Schlussakkord eines Stückes:

Im Schlussakkord bin ich voll bei meinen Sängern und forme den Schluss gemeinsam mit ihnen. Wenn möglich mache ich mir in der Schlussphase des Stücks kurz den nächsten Schritt im Konzert klar.

Welche A-cappella-Aufnahmen sollte man unbedingt gehört haben:

Das erste Album von Take 6. *Jazz Live* von The Real Group. Tõnu Kaljuste und den Swedish Radio Choir, *Psalms of Repentance for Mixed Choir* von Alfred Schnittke.

Ein sachdienlicher Tipp bei rhythmischen Herausforderungen im Chor:

Rhythmische Herausforderungen sollte man gut vorbereiten. Schon mal in den Proben zuvor Übungen machen, die an die entsprechende Rhythmik heranführen. Solche Dinge lassen sich bestens im Warm-up unterbringen. Tanzen, Sprechen, Singen, Trommeln und Kombinationen daraus. Das Wichtigste ist, dass alle gemeinsam den gleichen Puls für den Song kennenlernen und üben.

... und einer zur Intonation:

Es ist wichtig, in den Proben frühzeitig die Spannungsbögen der einzelnen

Stimmen zu vermitteln. So kann man vermeiden, dass die Sänger sich eine ungenaue Intonation bestimmter Stellen aneignen und man stärkt die Eigenverantwortlichkeit jedes Einzelnen.

Was bedeutet Groove für dich?

Unter Groove verstehe ich vor allem „Tanzbarkeit"! Das trifft für mich nicht nur auf Popsongs im 4/4-Takt zu, sondern auf sehr viele Spielarten von Musik. Musik ist immer auch Bewegung und zu jeder Musik kann und darf es ein Bewegungsmuster geben. So ist für mich Groove immer eine Einheit von Stimme und Körper.

Meine liebste Einsingübung:

Am liebsten sind mir solche Übungen, die einen weichen Umgang mit der Stimme und einen weichen Stimmeinsatz fördern. Besonders Übungen auf *Mm* oder *Nn* mit leichten Glissandi auf und ab.

Das macht für mich einen guten Chor aus:

In einem guten Chor hören sich die Sänger gegenseitig zu, und das nicht nur beim Singen! Jedes Chormitglied übernimmt Verantwortung in der eigenen Stimme, nimmt zeitgleich die anderen Stimmen im Chor wahr und gestaltet so den Klang mit. Neben diesen musikalischen Aspekten übernimmt jeder auch Verantwortung für die Gruppe und sorgt sich um ein gutes Klima, in dem der Umgang miteinander und gute Diskussionskultur genauso wichtig sind wie die Freude am gemeinsamen Singen.

Das macht für mich ein gutes Chorkonzert aus:

In einem guten Chorkonzert werde ich von Anfang an mitgenommen – musikalisch, energetisch und vor allem emotional. Das setzt natürlich voraus, dass alle im Chor wissen, worum es gerade im Stück geht und wie man die Brücke zum nächsten Song bauen kann. Mir persönlich gefällt es auch sehr, den Chor menschlich besser kennen zu lernen, sei es durch die Moderation verschiedener Chormitglieder oder auch einfach nur durch deren Umgang miteinander und mit dem Publikum. Und noch etwas: ich gebe einer emotional gefüllten Performance immer Vorrang vor technisch perfekter Ausführung.

Lachen verboten?

Chorleitung war früher viel zu oft streng und ernst. Auch heute gibt es immer noch Chorleiter, die viel meckern und schimpfen. Choristen ertragen dieses Machtgehabe devot und denken wohl, es gehöre eben dazu. Das Anzählen der Sänger resultiert dabei oft aus dem unreflektierten Frust über nicht funktionierende Stellen und nicht erfüllte Erwartungen.
Darf in der Probe gelacht werden? Haben die Sänger Spaß? Fühlen sie sich wohl? Kann der Chorleiter über sich selber lachen? Oder herrscht angespannte Klemmigkeit, müssen alle nur „erfüllen", „bedienen" und „funktionieren"? Und kommt von vorne Lob, Ermunterung und Bestätigung oder nur Kritik, Zynismus und Überheblichkeit?

Das hab ich mir ganz anders vorgestellt!

Ein spannender Moment in der Probe entsteht, wenn der Chor eine rhythmische Stelle, eine bestimmte Phrasierung oder Betonung nicht so singt, wie ich mir das als Chorleiter vorgestellt habe. Ich muss ad hoc die Problemstelle erkennen und eine Lösung anbieten, die den Sängern hilft. Kann ich das? Dieser Zustand kann Stress auslösen! Es gibt Chorleiter, die in solchen Situationen die Schuld einzig beim Chor suchen und sehen. „Konzentriert euch jetzt mal! Das ist doch nicht so kompliziert mit dem Rhythmus ...!" Aber meistens liegt es, bei genauem Hinsehen, doch an der Leitung vorne: falsch oder unpräzise vorgemacht, oder man kann es gar selber nicht richtig, z. B. das mit dem Rhythmus ... Nebenbei erinnert: Auch hier hilft das Mitschneiden der Probe, und zwar mir selbst! Ich kann in Ruhe zu Hause nachhören, was genau nicht klappte und wo ich nicht deutlich genug vorgemacht bzw. erklärt habe.

Achtung, schwere Stelle ...!

Ein guter Lehrer erkennt die Schwierigkeiten vorher und denkt sich einen guten pädagogischen Einstieg aus. Z. B. stückchenweise vor- und nachmachen, Töne und Rhythmus nicht gleichzeitig erlernen, rhythmische Herausforderungen klatschen, klopfen, tanzen und dabei die Taktschwerpunkte erleben ... Eine normale Chorprobe hat unzählige dieser Momente: Die Sänger klappern und grooven nicht oder es klingt fad; jedenfalls muss fix eine Lösung her! Oft hilft es, diese Stelle in viele kleine Einzelteile zu zerlegen. Binnenrhythmen, die man in einer Schleife, einem *Loop*, so lang wiederholt, bis es groovt. Dabei die Subdivisions (8el bzw. 16tel) bewusst machen. Erst ohne Töne, vielleicht sogar ohne Text (obwohl der oft auch hilfreich ist). Dann setzt man es nach und nach zusammen. Vom Kleinen ins Große!

Kann ich alles auch selbst?

Ich erlebe immer wieder Chorleiter, die komplexe Rhythmen selber nicht groovy vorsprechen können oder z. B. wenn es rhythmisch tricky wird, den *steady* Puls verlieren und schneller werden; merklich schwimmen. Vormachen ist immer besser als rein verbal zu erklären, was man wie will. Aber dazu muss ich es eben auch selber aus dem Effeff können und notfalls vorher geübt haben. Um Klangphänomene zu beschreiben, sind Vergleiche dienlich: „Hier könnt ihr etwas rauchig klingen, wie Sting oder Norah Jones! Hier der mehrstimmige Frauensatz bitte wie eine Streicherfläche: ölig-verschmelzende Violinen! Liebe Bässe: Bitte das *dm tzk doo* als Kombi von Schlagzeug und knackigem E-Bass!“ etc.

Warum klingt das immer noch nicht richtig cool?

Wenn man sich als Chorleiter diese Frage stellt, ist bereits viel gewonnen! Die eigene Unzufriedenheit mit dem Ergebnis gilt es nun zu analysieren: *Was genau* klingt uncool? Ist es die rhythmische Präzision, der Sound, die Phrasierung, die fehlende Präsenz der Sänger? Auch hier der Tipp: Probe mitschneiden und zu Hause in Ruhe nachhören! Vergleichen Sie Ihre Aufnahme auch mit Aufnahmen anderer Chöre, verschiedenen Coverversionen und natürlich dem Original (auf YouTube gibt's ja fast alles!).

Warum groovt es nicht?

Groove ist das altenglische Wort für die Furche, die der Bauer auf dem Feld zieht. Die locker gestreuten Samenkörner fallen dort hinein und kullern unten in die Spitze. Dieser *Groove* sammelt also die Körner an einem Punkt. In der Musiksprache meint Groove den Grad des perfekten Zusammenspiels: „genau auf den Punkt“. Sind alle

Sänger so einheitlich in Rhythmus, Phrasing, Ausdruck und Blend – dann reißt es den Zuhörer mit, eben weil es so sehr *groovt*!
Im Pop gibt es fast immer einen steten Puls. Die Viertel werden dabei innerlich, vom Feeling her, gerne unterteilt (sog. *Subdivisions*: 8el, ggf. 16tel). Spürt der Chor diesen Puls? Das lässt sich meist rein optisch erkennen. Und spürt der Chor auch die Unterteilungen? Auch das sieht man im positiven Fall in den unterschiedlichsten Körperteilen.
Was hilft? Rhythmusübungen sprechen (groovy!): *ta-ta-ta-ta* als Viertel. Dann auf Zeichen in Achtel *t-t-t-t-t-t* ... wechseln und zurück.
Fühlt der Chor die schwere Zählzeit *Eins*? Spätestens dort sollten sich alle wieder treffen ...

Wer lauter werden will ...

... muss leiser anfangen. Ein *crescendo* wirkt umso mehr, wie die Sänger die *Range* von leise zu laut richtig ausschöpfen. Als Chorleiter muss man an das *piano* vor dem *crescendo* oft und renitent erinnern. Isso!

Wo ist die Eins?

In der Regel ist die Eins die schwerste Zeit im Takt. Ein kurzer Ruhepunkt, eine Erdung für alle, ein Gefühl der Gravitation, hier fängt alles an, darauf bezieht sich der Rest, die Urzelle unseres Grooves. Es lohnt, mit dem Chor darüber zu sprechen und den Sängern diese Taktzeit bewusst zu machen: „Stellen wir an der Stelle erleichtert eine schwere Einkaufstasche auf den Boden ..."

Warum packt mein Chor das nicht?

Logo, den Chor nie überfordern! Sich selber unerreichbare Ziele zu stecken, bringt Frust! Aber vielleicht ginge es ja, wenn die Stellen, an denen es klemmt und die Gründe, weshalb es nicht läuft, von der Chorleitung analysiert, erkannt und behoben werden? Das benötigt eine große Portion Empathie. Der Gesichtsausdruck verrät auch hier alles: Sitzt der Rhythmus nicht, traut sich der Sänger nur nicht, gefällt ihm das Stück nicht oder hat er nur einen schlechten Tag? Auch aus Unsicherheit wird Frust. Ich rate sehr, alle Mitstreiter stets im Auge zu behalten und zu versuchen, die individuellen Hemm-

schwellen und Problematiken zu erkennen. Ein kurzes Einzelgespräch (nach der Probe) gibt eine Rückmeldung und bestätigt oder widerlegt die eigene Vermutung.
Sind trotz emphatischer Analyse und individueller Didaktik keine Erfolgsmomente in Sicht, dann ist das Stück vielleicht wirklich zu schwer und wird lieber beerdigt oder für „später mal" in den Schrank gehängt.

Kommunikation

Nehmen die Sänger sich untereinander wahr? Ein intensives gemeinsames Musizieren geht nur, wenn ich nicht nur meine eigene Stimme kann und kenne, sondern auch alle anderen Stimmen höre, wahrnehme und darauf reagiere.

Steady four?

Hält der Chor exakt das Tempo? Das ist bei Popsongs essentiell! Die Gefahr ist oft bei einem Crescendo schneller zu werden und umgekehrt die Versuchung, wenn es leiser wird, auch im Tempo nachzulassen. Kontrollieren! Mit einem Metronom. Gibt's als App für das Smartphone.

Tak tak tak ...

Popmusik hat in der Regel einen sehr steten Puls. Um in einen guten Groove zu kommen, hilft ein Metronom, der Loop einer Drum Machine oder ein Beatboxer. Oft zeigt die Kontrolle mit dem Metronom frappierend die Temposchwankungen. Viele Chöre neigen in den ersten Probenphasen zum Schleppen. Sitzt der Song, besteht dann eher die Gefahr, dass das Tempo anzieht, der Chor „wegrennt".

Chor-Battle

Teilen wir den Chor in zwei (oder sogar mehr) Gruppen: Dazu die Sänger fix abzählen 1-2-1-2-1-2 ... Chor 1 nach links, Chor 2 nach rechts. Dann singen wir das Stück, der Chorleiter zeigt den fließenden Wechsel, z. B. alle 4 oder 8 Takte. Die beiden Gruppen singen sich abwechselnd vor. Eine Aufgabe könnte z. B. sein, den jeweils anderen Chor im Ausdruck immer wieder zu übertreffen. Martin Carbow erklärt das sehr motivierend in seinem Chorleitungsbuch.

CHRISTOPH J. HILLER

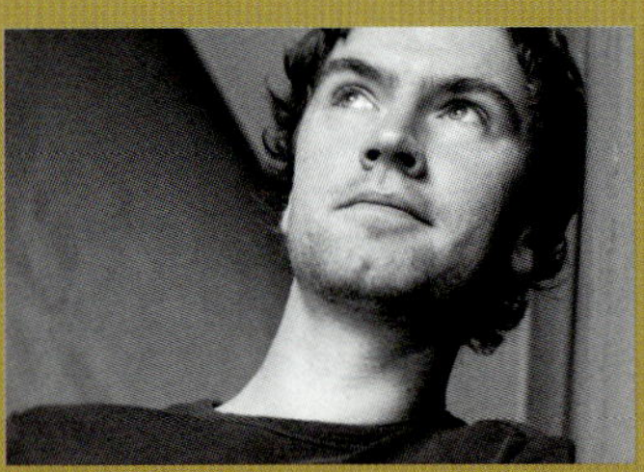

ist Genrewanderer, vielseitiger Instrumentalvocalist und Familienvater. Er studierte Chordirigieren, Trompete und Schulmusik in Weimar und leitete diverse Chöre und Ensembles, u. a. **VOCompany** – Popchor der HfM Weimar. Als Dozent für Chorleitung unterrichtete er an den Musikhochschulen Leipzig, Weimar und Frankfurt und leitete diverse Projekte, u. a. **Grenzsänger** (begleitet und ausgestrahlt vom MDR-Fernsehen). Als Bass sang er in der Vocal Band **Sonic Suite** und stand mit **Maybebop** als Sub-Sänger auf der Bühne. Seit 2015 konzentriert er seine Arbeit auf Komposition/Musikproduktion und realisiert im eigenen Studio zahlreiche Projekte für europäische Auftraggeber und Musikverlage. Der von ihm vertonte Film *Planemah* erhielt den Jury-Award beim CutOutFest Mexico und 2017 wurde seine Komposition zum Film *Tamah* für das „Golden Eye – beste internationale Filmmusik" nominiert.

Das sage ich meinem Chor kurz vor dem Auftritt ... die letzten Worte vor dem Einsatz:
Habt Spaß, erzählt den Gesichtern vor euch aus eurem Herzen, genießt euch und rockt die Bude!

Daran denke ich beim Schlussakkord eines Stückes:
Schön einrasten, halten und ... Nachhall?

Welche A-cappella-Aufnahmen sollte man unbedingt gehört haben:
Jacob Collier und natürlich alle anderen Bekannten, oft Benannten.

Ein sachdienlicher Tipp bei rhythmischen Herausforderungen im Chor:
Subdivisions hörbar und fühlbar machen durch Sprache oder Bodypercussion.

... und einer zur Intonation:
Singe so achtsam, dass du den Sound deines Nachbarn wahrnehmen und mit dem eigenen abgleichen kannst.

Was bedeutet Groove für dich?
Lebendigkeit, Bewegung, Atmung, Puls und eine stabile Verbindung zu seinem Inneren, die den Sängern eine Grundlage bilden um mit anderen Menschen in Austausch zu treten.

Meine liebste Einsingübung:
1-3-5-7-5-3-1-3-5-b7-5-3-1-b3-5-b7-5-b3-1-b3-5-7-5-b3-1 :)

Das macht für mich einen guten Chor aus:
Ehrlichkeit und Natürlichkeit auf der Bühne, „ein" Sound mit lebendiger Dynamik und gutem Groove, ein Funken Sinn für Humor und menschlicher Zusammenhalt.

Das macht für mich ein gutes Chorkonzert aus:
Neue Sounds, interessante Kompositionen/Arrangements, gemeinsam gefühlte Harmonien und Rhythmen und ein Chor, der es schafft zu berühren.

Das möchte ich singen:
Tiefe Töne mit Text.

Diese drei CDs nehme ich mit auf die einsame Insel ...
Bernhoft, *Islander*;
Clueso, *An und für sich*;
J. S. Bach, *Cello Suiten* mit Yo-Yo Ma;

Transfer

Wird eine Stelle zunächst gesprochen und dabei die Phrasierung geübt, passiert es oft, dass der Chor beim anschließenden Singen wieder völlig anders phrasiert. Den Transfer vom Sprechen zum Singen sollte man geduldig proben. Das klappt, gerade bei Chören, die das Proben mit reinem rhythmischen Sprechen nicht gewohnt sind, oft nicht von allein. Geduld! Und immer wieder korrigieren: „Das haben wir eben aber anders gesprochen!" Wenn der Chor diesen Transfer beherrscht, ist das Wechseln von Singen und Sprechen ein wertvolles Probenwerkzeug. Hier lohnt es, das Üben zu üben.

Tempo!

Chorproben sind nicht wie Wandern ... nicht der Langsamste bestimmt das Tempo!
Ich werbe immer für ein zügiges Probentempo. Keine Langeweile, keinen Stillstand, kein unnötiges Warten ... All das zieht kostbare Energie.
Wenn man mit Tempo probt, kommen natürlich nicht immer alle mit. Es bleiben hie und da sichtbare Fragezeichen in den Gesichtern: „Moment, wir können die Stelle, den Ton aber noch nicht richtig!"
Probt man von Anfang an schnell, sollte man das erklären und beruhigen, dass alle Stellen später noch genau betrachtet und erarbeitet werden. Aber lieber hat der Chor nach der ersten Probe einen rudimentären Gesamteindruck des ganzen neuen Stückes, als dass er zwei Takte richtig gut kann, den Rest aber noch nicht einmal erahnt.

Wir bleiben stehen auf der Drei von Takt 32!

Folgender Probenalltag: Ein Zusammenklang, ein Akkord stimmt irgendwie nicht. Noch bevor sich der Chor richtig aufeinander einhören kann, geht die Musik aber schon weiter. Nun kann man diesen Akkord „heraus operieren" und außerhalb von Metrum und Puls angeben und aushalten. Besser und vom Üben effektvoller wäre aber, wenn man beim Durchsingen an dieser Stelle einfach anhält und wartet, bis die kleinen Zahnräder der Intonation richtig eingerastet sind und der Chor den Zusammenklang richtig *durchgehört* hat ...
„Wir bleiben jetzt gleich in Takt 32 auf der *Drei* stehen!"

Beginnen wir von vorn, wird eine satte 2/3-Mehrheit die Aufgabe bis zum Erreichen von Takt 32 bereits vergessen haben. Hilfreich ist also im Takt davor nochmals zu erinnern: „Achtung, jetzt auf der *Drei* stehenbleiben!". Der Chor hält den Akkord aus, atmet entspannt (!) chorisch nach, und im Idealfall reguliert und justiert es sich von allein, oder man hilft etwas mit Handzeichen. Fühlen sich alle hörbar sicher, ist das auch sichtbar an den glücklichen Gesichtsausdrücken zu erkennen. Nun geht's von dieser Fermate aus weiter. Ich zähle den Takt 32 laut ein: „eins-zwei- ...", der Chor singt den Akkord auf der *Drei* nochmals mit, diesmal aber wieder im Metrum, und dann weiter.
Dieses Stehenbleiben und Weitergehen muss man vorab erklären und mehrfach proben. Wenn der Chor flexibel auf Ansage Fermaten zum Durchhören halten kann, ist das ein wertvolles, effektives Probenwerkzeug!

Gegen das Vergessen

Das erfolgreiche Lernprogramm *phase6* geht davon aus, dass Vokabeln tief für die Ewigkeit memoriert sind, wenn sie sechsmal hintereinander zu unterschiedlichen Momenten bewusst richtig übersetzt wurden. Auch im Chor gilt: die Routine macht's! Daher ein neues Stück, einen Abschnitt, der zu Beginn der Probe angefangen wurde, am Ende nochmals einfach durchsingen. Oder sogar noch ein weiteres Mal vorab in der Mitte der Probe. Bei jedem Durchsang rutschen die neuen Noten oben in den Köpfchen der Sänger merklich in den nächsten Hirnlappen.

Hat jeder was zu tun?

Rumsitzen und Warten saugt die Energie aus den Sängern. Wenn eine umfangreiche Passage mit einer Stimme einzeln geübt werden muss, trifft man sich lieber mal vorab zur Satzprobe. Wenn alle da sind, sollen auch möglichst immer alle was zu tun haben.

Vollbeschäftigung!

Probe ich mit einer Stimme, kann ich gleichzeitig allen anderen eine andere Aufgabe geben. So haben alle immer zu tun und sitzen nicht gelangweilt und irgendwann genervt herum:

- „Der Alt singt jetzt bitte seine Stimme, die anderen sprechen ihren Part leise dazu."
- „Der Bass singt auf Text, der Rest summt."
- „Wir singen jetzt alle, Tutti. Fokus liegt auf dem Tenor, dem wir bitte alle mit einem Ohr zuhören."
- „Ich übe jetzt kurz den Sopran alleine, der Rest denkt bitte mit und kann dann seine Stimme schon ..." (natürlich mit einem Augenzwinkern).
- „Diese spezielle Phrasierung üben wir jetzt exemplarisch mit dem Alt. Der Rest hört bitte zu und singt anschließend genauso seinen eigenen Part!"

Das ist der Plan für heute ...

Spielt man vorn mit offenen Karten, zeige ich, dass es eine durchdachte Planung gibt, eine Struktur, und die Choristen wissen, was sie in den nächsten zwei Stunden erwartet. Das gibt Sicherheit und unterstützt konzentrierte Probenarbeit.

Didaktik

ist die Kunst des Lehrens und Lernens. Es lohnt, immer wieder die eigenen Methoden zu hinterfragen: Warum hat diese eine Stelle sofort gegroovt und der andere Teil bis heute nicht richtig? Was habe ich da anders erklärt? Wie kann ich es besser vermitteln? Ich bin selber viel zu ungeduldig und möchte, dass mein Chor möglichst fix Musik macht und das neue Stück kann.
Natürlich kann ich alles vormachen, aber richtig cool wird es erst klingen, wenn die Sänger es (individuell) für sich selbst „gefressen" haben und es *ihres* ist. Eine gute Didaktik motiviert so, dass jede Probe eine lustvolle Veranstaltung wird – mit vielen Endorphinen – und hilft durch unterschiedliche Wege und Methoden, dass jeder das Neue schnell auf seine eigene Art erlernen kann.

Die wichtigsten Zutaten zu diesem Synapsenfasching sind:
- Vereinfachung von zu komplexen Aufgaben (z. B. Rhythmus, Text und Töne trennen)
- Lob und positive Rückmeldungen
- unterschiedliche Erklärungswege: Vormachen, passende Vergleiche und Bilder finden, Rhythmus z. B. an Bewegung koppeln, Anhören von Vorlagen etc.

Klavier oder nur Gabel?

Das Thema taucht hier häufiger auf. Ich plädiere sehr dafür, mit dem Klavier den Sängern das harmonische Rückgrat des Stückes zu stützen. Erst wenn der Sänger fühlt, dass er z. B. eine None in einem Dur-Akkord singt, kann er das mit Selbstvertrauen und Genuss (wichtig!) tun. Er muss nicht wissen, was eine None ist und kein Musiktheoriestudium absolvieren. Aber er sollte ein Gefühl für den Ton in Bezug auf das harmonische Bett entwickeln können. Das geht entweder im Zusammenklang mit allen anderen Stimmen oder (schneller) mit dem Klavier. Warum sich und die Sänger unnötig quälen?

Sitzen oder Stehen?

Es gibt Chöre, die proben ausschließlich im Stehen. Toll! Ich möchte und kann das meinen Sängern nicht zumuten. Neben Phasen „im Stehen" sitzt der Chor. ABER: ohne übereinander geschlagene Beine, vorne auf der Stuhlkante, mit Haltung und nicht mit eingeknicktem Bauch. Von Zeit zu Zeit sollte man daran erinnern. Sängerhaltung!
Wer steht, kann sich freier bewegen. Besonders bei grooviger Musik ist das wünschenswert.

Ich sehe was, was ich nicht höre ...

Die Augen der Choristen verraten alles! In einer größeren Gruppe kann ich vorne nicht hören, ob der eine Tenor in der vierten Reihe den Part kann – aber ich kann es *sehen*! Es gibt meistens drei Gesichtsausdrücke bei den Sängern:

1. Ich kann es nicht.
2. Ich singe jetzt mal diesen Ton, bin mir aber nicht wirklich sicher, ob er stimmt, und:
3. Ich hab's, läuft!

Achtung! Rhythmisch schwere Stelle!

Einen kniffligen Rhythmus kann man vorklatschen, auf den Oberschenkeln mit verteilten Händen klopfen oder vorsprechen. Dabei ist es hilfreich, auf die Klangsilbe *ta* zu sprechen. Das *t* ist perkussiv und macht den Rhythmus dadurch genau erkennbar.

Etwas totproben?

An einem Stück sollte man nicht zu lange proben. Egal, wie engagiert alle sind, es ermüdet mit der Zeit. Maximal

DANIELA BARTELS

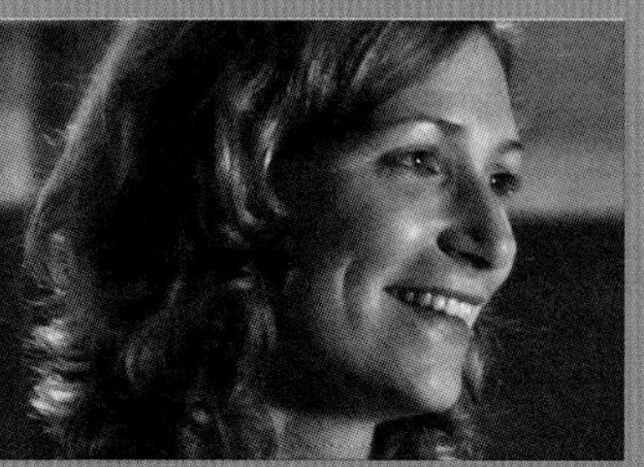

ist als Tochter eines Beatmusikers am Rande des Harzes aufgewachsen. Während des Schulmusikstudiums in Hannover sang sie bei den **Vivid Voices** und lernte vieles über Jazzchorleitung. Für das Referendariat zog sie nach Berlin und machte einen Zwischenstopp bei den **JazzVocals**. Im März 2014 gründete sie den Chor **zimmmt**, der von Anfang an ohne Dirigat probt und in dem die Mitglieder auf mehreren Ebenen künstlerisch mitbestimmen. 2017 gewann zimmmt den Berliner Chorwettbewerb und qualifizierte sich für die Teilnahme beim Deutschen Chorwettbewerb 2018. Zurzeit ist Daniela als Musikpädagogin an der Universität zu Köln beschäftigt, während zimmmt sich in Berlin weiterhin in Selbst- und Mitbestimmung übt ...

Das sage ich meinem Chor kurz vor dem Auftritt ... die letzten Worte vor dem Einsatz:

„Jede*r von uns darf heute auf der Bühne wieder 7 Fehler machen!"

Daran denke ich beim Schlussakkord eines Stückes:

Oh, war das schön ... Aber manchmal auch: Naja, nächstes Mal wird diese Nummer wieder besser klappen.

Welche A-cappella-Aufnahmen sollte man unbedingt gehört haben:

Ich bin (ehrlich gesagt) schon seit längerer Zeit wieder dazu übergegangen, mehr Musik mit „echten" Instrumenten zu hören und mir dann vielleicht dabei vorzustellen, ob ein bestimmter Song a cappella auch cool klingen könnte.

Ein sachdienlicher Tipp bei rhythmischen Herausforderungen im Chor:

Gemeinsam versuchen herauszufinden, wo genau die Herausforderung liegt, und den Knackpunkt dann jede Woche üben!

... und einer zur Intonation:

zimmmt genießt es immer sehr, wenn wir im Kreis sitzen und mit geschlossenen Augen singen. Das schärft die Wahrnehmung und die Harmonien klingen dann in der Regel automatisch viel schöner als vorher mit geöffneten Augen.

Was bedeutet Groove für dich?

Dazu fällt mir ein, was Claude McKnight zu diesem Thema zu mir gesagt hat: Groove entsteht, wenn Menschen sich richtig wohl miteinander fühlen. Und dann, wenn alle das Gefühl haben, sich miteinander zu bewegen und miteinander die Musik zu fühlen. Wenn man sich nicht wohl genug miteinander fühlt und wenn man nicht genügend Zeit zusammen verbringt, dann kann der Groove schnell verloren gehen.

Meine liebste Einsingübung:
In der Arbeit mit zimmmt sind es oft diejenigen, die von anderen Chorsänger*innen angeleitet werden, weil ich dann einfach mal mitschmettern und mich dabei gedankenlos mit einsingen kann.

Das macht für mich einen guten Chor aus:
Die Antwort steht eigentlich schon oben: Ein Chor, in dem sich alle wohl miteinander fühlen. Wenn das gegeben ist, wird daraus sehr gute Musik entstehen.

Das macht für mich ein gutes Chorkonzert aus:
Abwechslung ... verschiedene Facetten des Lebens werden gezeigt, verschiedene Emotionen, verschiedene Stile, verschiedene Sprachen werden gesungen, und Arrangements aus verschiedener Leute Feder. Das halte ich insbesondere bei a cappella für ganz wichtig.

Das möchte ich singen:
Bei A-cappella-Musik sind es vor allem Songs, in denen etwas spannend erzählt wird, die musikalisch facettenreich sind und die den Sänger*innen die Möglichkeit geben, so richtig aus sich herauszugehen.

Diese drei CDs nehme ich mit auf die einsame Insel:
Joni Mitchells *Miles of Aisles*, *Die Mathematik der Anna Depenbusch* und eine *Greatest Hits* von Michael Jackson, da man ja auch mal was zum Mitgrooven braucht.

45 Minuten? Lieber kürzer und dafür öfter. Vielleicht am Ende der Probe nochmal? Man sieht das Erreichen des roten Bereichs gut in den Augen der Choristen ...

Authentisch sein

Bei all dem Loben, dem *good-will* und der guten Stimmung in der Probe: Wenn eine Stelle auch nach vielen Proben immer noch nicht richtig klappt, darf ich als Chorleiter meinen Frust darüber auch artikulieren! Ein befreundeter, stets freundlicher, klassischer Operndirigent meint: „Dem eigenen Ärger mal ausnahmsweise Luft lassen ... das hilft! Mir selbst, aber wundersam auch der vertrackten Passage."

Luft holen!

Der Chorleiter sollte immer mit dem Chor sichtbar mitatmen (aber nicht unbedingt hörbar).

Alle singen die Alt-Stimme!

Im Idealfall sollte jeder Chorist auch jede andere Stimme kennen. Wenn z. B. der Alt alleine geprobt werden soll, können alle mitsingen. So haben sie etwas zu tun, unterstützen die Altistinnen und lernen dabei deren Stimme kennen.

Nicht falsch vormachen!

„Ihr singt immer ..., es soll aber so sein: ...". Ansagen dieser Art würde ich vermeiden. Immer nur die richtige Version vormachen. Keinen Fehler repetieren.

Der singende Dirigent?

Singe ich selber mit, wird mein Hören sehr eingeschränkt bzw. verfälscht. Besser: Nur den Text lautlos mitsprechen.

Und jetzt die Punktwertung ... 8,7!

„Auf einer Skala von eins bis zehn war das jetzt ..."
Eine Siebenkommadrei! Solch eine Rückmeldung gibt auf humorig-charmante Art und Weise ein großes Lob und sagt ebenso, dass nach oben doch noch etwas Luft ist. Der folgende Durchgang sollte zur guten Motivation mindestens mit 8,4 oder höher bewertet werden.
„Und beim Konzert wollen wir die 10!"

Nur ein Satz!

Nochmals zum Redeanteil der Chorleitung in der Probe. Er ist meistens zu hoch, und wir Chorleiter tun gut

daran, stets auf anteilig mehr Gesang als Ansagen zu achten.
Wie wäre der Versuch, sich selbst das Ziel zu setzen, bei der Probe alle Korrekturen und Anmerkungen zwischen den Passagen auf jeweils einen Satz zu beschränken!? Geht das? Ausprobieren!

Big Brother is watching you ...

Behalte ich bei der Probe meine Sänger und Sängerinnen im Auge, oder klebe ich selber an den (neuen) Noten? Viele Chorleiter vergraben sich bei Neueinstudierungen ebenso in den Blättern, wie ihre Sänger und erwarten aber, dass die Choristen neben dem Blattsingen auch dem Dirigat folgen. Sänger, die kurz aufschauen, wollen eine Leitung sehen, die souverän über der Sache steht und alles im Blick hat – und sie freuen sich über einen aufmunternden Augenkontakt. Der wichtigste Moment ist der Einsatz. Wer sich dabei in den Noten verkriecht, hat keine Chance!
Als gutes Vorbild sollte ich ohne Noten dirigieren (in der Probe fast, im Konzert sowieso!) und den Chor stets beobachten und ansehen können.

Was ich nicht kann, das kann mein Nachbar!

Die gute Nachricht: Nicht jede Note muss gleich 100%ig sitzen. Auch das ist Chor: Die Sänger ergänzen sich und helfen sich so bei schwierigen Stellen gegenseitig. Und daran darf ich meine Sänger gern ab und zu erinnern.
Gleiches gilt beim sogenannten *chorischen Atmen*: Einen Ton länger als die Luft reicht auszuhalten, gelingt, indem man abwechselnd unhörbar Luft holt. Eben immer dann, wenn der Nachbar gerade genug davon hat und singt. Leise aus*faden*, luftholen und auch leise wieder ein*faden*!

Ich kenne meinen Chor

Ich kenne natürlich alle Namen und auch die Stimmen. Meine Sänger würde ich alle mit geschlossenen Augen am Klang identifizieren können. Im Idealfall weiß ich auch um die Vorlieben, Schwächen, Stärken und (Musik-)Wünsche eines jeden. Nur wer sich individuell richtig wahrgenommen fühlt, wird sich als Teil eines Ensembles fühlen und nicht nur als „Tutti-Schwein“.

Ich war's!

Wenn ein Fehler passiert: falscher Einsatz, rhythmisches Gewackel, das End-*t* klappert ... Meistens liegt es nicht am Chor. Und das darf der Chorleiter dann auch gern zugeben, entschuldigend.
Ich sehe oft Chorleiter, die auch in solch eindeutiger Beweislage immer dem Chor die Schuld geben.

Ist die Luft raus?

Der tote Punkt in der Probe. Kollektiv-Müdigkeit. Auch das erkenne ich in den Augen meiner Choristen. Spätestens, wenn ein Drittel der Gruppe sichtbar einen anderen Film eingelegt hat, sollte der Chorleiter reagieren: Fenster auf? Lockerungsübungen? Pause? Manchmal reicht es, das kollektive Hirn-Koma als erkannt zu benennen. Oder einen kleinen Witz erzählen?
Eine schweizerische Kollegin setzte sich bei einer Probe ans Klavier, lies unisono *My Bonnie Is over the Ocean* singen (in F-Dur) und die Choristen sollten bei jedem Buchstaben *b*, welcher im Text vorkommt, aufstehen bzw. sich beim nächsten *b* wieder hinsetzen. Danach bei *o*, dann bei *m*.
Eine lustige Herausforderung für Hirn, Körper und Tonus. Danach war die Gruppe herrlich durchgewühlt, aufgekratzt und wieder wach! Der Chor hatte eine gute Präsenz! Oder eben eine Runde *Laurentia* ...
Aber wichtig ist auch, sich selber nach der Probe die Frage zu beantworten, wie es dazu kommen konnte! War es langweilig? Kein Pepp, kein Zug, kein *Drive*? Oder doch der Luftdruck? Jahreszeit? Vollmond? Was kann ich nächste Woche anders machen?

Moment mal, das war eben sehr gut!

Chorleiter unterbrechen einen Durchlauf in der Probe meist um eine Korrektur zu machen, einen Fehler oder eine Unsicherheit zu beheben. Warum nicht auch mal um zu loben? „Das war eben gerade sehr gut intoniert ... irre gut phrasiert ...!" Die direkte positive Rückmeldung motiviert und schafft ein Bewusstsein für den perfekten Moment.
Für den Chor ist das eine unerwartete, erfrischende Art gelobt zu werden. Dennoch: nicht zu oft! Unterbrechungen gibt es schon genug. Und eigentlich ist jede eine zu viel.

Alles klar?

Am Ende einer Probenphrase an einem Stück kann ich auch den Chor fragen, ob noch eine bestimmte Stelle unklar ist. Vielleicht habe ich etwas überhört, übersehen oder falsch eingeschätzt? Das wird dann der Opener der nächsten Probe. Versprochen!

Das hör ich mir mal von hinten an.

Der Chor klingt aus jeder Distanz anders. Die Mischung verändert sich. Einige Stimmen klingen heraus. Bei einem großen Probenraum ist es spannend, dem Chor auch mal aus der Ferne zu lauschen. So wie später viele Zuhörer das im Konzert tun werden.

Wie sehr der optische Eindruck ablenkt ...

... merkt man erst, wenn man die Augen in der Probe oder im Konzert einmal bewusst schließt und nur *hört*. Wir kennen das vom Abhören von Konzertmitschnitten. Oft ist es ernüchternd und oft hat uns das optische Geschehen wunderbar von falschen Tönen und Patzern abgelenkt. Wir hatten den Abend ganz anders in Erinnerung ...

***Jetzt* geht's los!**

Wir beginnen erst zu singen, wenn ich sehe, dass alle konzentriert – auch mit den Augen – bei mir sind.

Harmonien durchhören!

Es sollte auch einen ganz langsamen Durchgang geben, vielleicht nur auf Klangsilben, damit alle Sänger die Zusammenklänge hören können und ihre eigene Stimme in den Akkorden feinjustieren dürfen und die Harmonien wirklich verstehen.

Fang du schon mal an zu singen, ich mach gleich mit ...

Bei vielen Anfängen sind oft nicht 100% des Chores wach und singen gleich mit voller Aufmerksamkeit und Spannung mit. Es „rollt" langsam an. Die anderen schleichen sich nach und nach dazu. Das klingt dann wie nicht richtig gekonnt. Daher stets auf die Anfänge achten. Den *Attack*, der erste Ton, der Knack, der Auftakt zur Phrase, die Präsenz davon ... Wir wollen immer alle!

Bunte Reihe

Es lohnt, so früh wie möglich beim Durchsingen des ganzen Stückes die Choraufstellung zu wechseln. Eine moderate Ansage wäre: „Wir mischen uns jetzt bunt

CHRISTOPH GERL

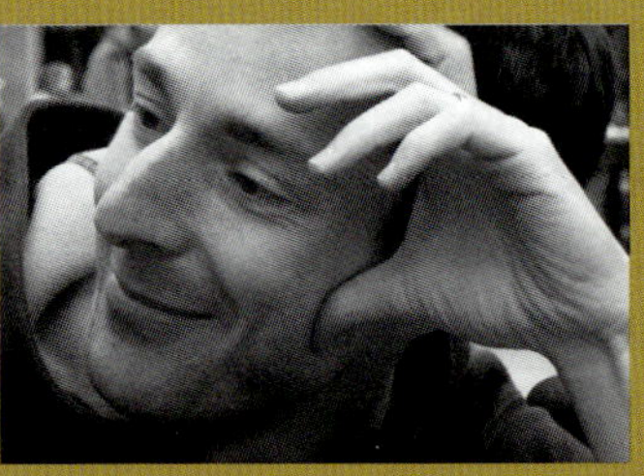

wurde in Landshut geboren und studierte in Weimar Schulmusik und in Würzburg Chorleitung und Jazzpiano. Seit 2006 lebt und arbeitet er zwischen Lübeck und Hamburg. Am Gymnasium zu Bad Oldesloe unterrichtet Christoph die Fächer Musik und Darstellendes Spiel und an der Musikhochschule Lübeck Angewandtes Klavierspiel und Improvisation.
Den Hamburger Popchor **Cantaloop** leitet er seit der Gründung im Frühjahr 2009. Der Chor ersang sich bereits einen 3. Preis beim Aarhus Vocal Festival 2013 und den Gewinn der Pop-Kategorie beim Chorfest 2016 in Stuttgart. Christoph gibt Wissen und Erfahrung als Dozent für Jazz- und Popchorleitung Stufe B an der Bundesakademie in Wolfenbüttel weiter.

Das sage ich meinem Chor kurz vor dem Auftritt ... die letzten Worte vor dem Einsatz:
Ich sammle meine Gruppe immer direkt vor einem Auftritt. Wir schließen die Augen, blicken nach innen und erinnern uns daran, warum wir das alles machen: Wir haben einfach Bock drauf!

Daran denke ich beim Schlussakkord eines Stückes:
Wenn ich da an was denke, dann bin ich raus aus der Musik. Ich mag es, den Song auch *nach* der letzten Note noch im Raum zu spüren. Das können magische Momente sein und als Chorleiter habe ich da eine zentrale Rolle und Verantwortung.

Welche A-cappella-Aufnahmen sollte man unbedingt gehört haben:
VOCAbuLarieS von Bobby McFerrin, *Vocal Stories* von Vocal Line und natürlich *Kaleidoscope Songs* von Cantaloop.

Ein sachdienlicher Tipp bei rhythmischen Herausforderungen im Chor:
Mach es erstens spürbar und zweitens einfach. Rhythmus braucht ein Metrum (Puls/Beat) und dieses Zusammenspiel muss mein Chor körperlich erfahren dürfen. Und weil sich jedes rhythmische Phänomen, dem ich bislang begegnet bin, auf einen Kern reduzieren lässt, lege ich diesen frei und arbeite mich dann vor.

... und einer zur Intonation:
Schwierigkeiten in der Intonation sind zumeist nur ein Symptom. Die Ursachen liegen im Hören und Singen.

Was bedeutet Groove für dich?
Etwas ganz und gar Essentielles, Erstrebenswertes, Aufwühlendes und gleichzeitig Befriedigendes.

Meine liebste Einsingübung:
Die, bei der ich merke, dass mein Chor sie gerade gebraucht hat, um sich auf die gemeinsame Musik vorzubereiten.

Das macht für mich einen guten Chor aus:
Wenn ich keine einzelnen Sängerinnen und Sänger mehr sehe, sondern ein gemeinsames Gefühl bei mir ankommt.

Das macht für mich ein gutes Chorkonzert aus:
Wenn ich im Moment nach einem Stück so gefangen bin von der Musik, dass ich vergesse zu applaudieren.

Das möchte ich singen:
Musik, die mir Gänsehaut bereitet.

Diese drei CDs nehme ich mit auf die einsame Insel:
VOCAbuLarieS (s. o.), *We Get Requests* von The Oscar Peterson Trio, *Last Quarter Moon* von Chiara Civello und *Live in Berlin* von Sting (zählen ist nicht meine Stärke).

durcheinander. D. h. jeweils einzeln Sopran neben Tenor, Bass neben Alt usw. Wem das jetzt noch zu früh ist, wer seinen Nachbarn zur Sicherheit doch lieber noch behalten möchte, hält ihn jetzt fest. Der Rest mischt sich bitte!" Bunte Reihe macht Spaß, fordert und fördert Eigeninitiative, gibt Selbstvertrauen und erweitert den Hör-Horizont der Sänger.

Wer führt gerade?

In anspruchsvolleren Arrangements gibt es immer ein Wechselspiel verschiedener Ebenen (Melodie, Begleitung, Gegenstimmen etc.), und der Fokus des Publikums möge entsprechend wechseln. Die Sänger sollten daher immer wissen, welche Stimmgruppe gerade führt, die Melodie hat und vom Publikum als „erste Geige" wahrgenommen werden soll.
Für die Zuhörer wird es spannend und abwechslungsreich, wenn der Chor diese Rollenwechsel souverän und sehr bewusst inszeniert.

Das lange *uhhhhh*

In den Begleitstimmen gibt es oft Passagen mit lang ausgehaltenen Tönen, gesummt oder gesungen auf *uh* bzw. *ooh*. **Keine Note ist unwichtig!** Werden diese Passagen durch leichte Crescendi etwas gestaltet, wird auch ein vermeintlich unwichtiger Begleitchor plötzlich zum großen Genuss! Gestalten! Immer und alles!

Blend – gut gemischt bitte!

Ein Zauberwort aus der englischsprachigen Popchorwelt ist der *Blend*, zu Deutsch: die Mischung und Verschmelzung. Wie homogen klingt ein Chor? Höre ich einzelne Sänger heraus? Das lässt sich gut durch Umstellung lösen: Die starken Stimmen im Chor verteilen! Es gibt Chorleiter, die investieren in diese Aufstellungsfrage viel Zeit – meist mit Erfolg!
Wie einheitlich werden Farbwechsel, wie z. B. bei Diphthongen gesungen? Portamenti, das Anschleifen von Tönen, Akzente, forte-piano und Crescendi? Im Grunde geht es um den Groove des Klanges. Auch das soll sehr *tight* zusammen sein.
Z. B. die Intro der *Bohemian Rhapsody* von Queen: Das klingt so irre einheitlich zusammen, da beglückt uns die

gute Mischung (Das Geheimnis: Freddy sang alle Stimmen alleine, nacheinander bei der Aufnahme ein. Das mischt sich natürlich *blend*end!).
Aber auch allein die verschiedenen Vokale, Lautstärken, agogischen Stellen (z. B. *ritardandi*) und natürlich die Intonation in den Stimmen will gut gemischt sein.

Routine!

Locker aus dem Ärmel, mit Genuss, eben völlig drüber stehend, wie Musiker lobend sagen: abgehangen ... Das geht nur durch Routine und die bekommt ein Chor nur, wenn er Stücke oft und immer wieder durchsingt und aufführt! Daher stets einen festen Teil der Probe für dieses Durchsingen, die Routine, reservieren.

Schnelle Stücke schnell proben!

In der Hoffnung meinen Choristen den Einstieg in das neue schnelle Stück einfach zu gestalten, begannen wir in einem viel langsameren Tempo – quasi in Zeitlupe. Mit der Zeit habe ich festgestellt, dass diese so anfänglich geprobten Stücke später dann viel schwerer ins Tempo kamen, als wenn ich sofort im Originaltempo begonnen hatte. Scheinbar prägt der erste Kontakt, vergleichbar mit dem Schlüpfen aus dem Ei, doch sehr.
Daher probe ich zunächst Text und Rhythmus sprechend im Originaltempo. Anschließend singe ich im langsameren Tempo mit Tönen.

Die zweite Chance

Viele Unsicherheiten und Patzer bügeln sich beim nächsten Durchgang von alleine aus. Oft wäre es sinnvoll, eine neue Stelle einfach zweimal zu singen. Wenn der Chor aber nicht weiß warum, entsteht Frustration. „Warum sollen wir das nochmal singen? War es eben nicht gut?"
Immer wieder sehe ich Chorleiter, die nach einem ersten chaotischen Durchgang abbrechen und einen langen Vortrag darüber halten, was alles wo und wie falsch war. Dabei würden sich viele Fehler von selbst reparieren, wenn der Chor nur eine zweite Chance bekäme.
In einer guten Didaktik erkläre ich das „Nochmal bitte!" meinen Sängern: „Jetzt singen wir das einfach ein zweites Mal – dann wird vieles klarer ... die zweite Chance!"

Artikulation

Ein alter Theatertrick: Man klemmt einen Korken (es gehen auch zwei Finger) zwischen die oberen und unteren Schneidezähne und versucht, den Text trotzdem sehr deutlich zu sprechen. Wenn man anschließend ohne Korken redet, ist die Artikulation in der Regel um 250% besser.
Die Sänger sehen bei der Übung etwas seltsam aus – aber der Effekt ist enorm!

Timing

ist keine Stadt in China! Das ist eine alte Weisheit vieler musikalischer Leiter. Singt der Chor *laid-back*, also „hinten" oder eher „vorne" auf der Stuhlkante, mit eilend-aufgeregter Tendenz? *Laid-back* groovt in der Regel viel mehr, gibt der Phrase Größe und Erhabenheit und strömt eine angenehme Lässigkeit aus. Das ist manchmal gar nicht so einfach auf der Bühne mit Adrenalindusche und blendendem Scheinwerferlicht.
Es hilft, in den Proben ein Bewusstsein für unterschiedliche Timing-Möglichkeiten zu schaffen.

Halsschmerzen?

Klagt ein Chorist nach der Probe über Halsschmerzen oder Heiserkeit, läuft was schief. Die meisten Sänger, die sich selber nicht gut hören, kompensieren das mit Lautstärke und ungesundem Druck. Aufpassen! Jeder sollte sich immer gut hören und nichts forcieren!

Ein gutes *th*

Eine gute englische Aussprache wird durch ein *th* mit scharfen s-Lauten zunichte gemacht. Selbst in großen Chören reicht ein Sänger, eine Sängerin mit einem *ssse* anstelle von *the* und schon klingt es so, als könne der ganze Chor kein Englisch! Ein *w* anstelle des *th* zu sprechen ist die Lösung! Heißt: Den oder die Schuldige lokalisieren und auf *w* trimmen.
Fremdsprachen sollen ja nach einem alkoholischen Drink akzentfreier klingen. Na dann ... Prost!

Das sage ich meinem Chor kurz vor dem Auftritt ... die letzten Worte vor dem Einsatz:
„Geht da raus und habt Spaß! Rockt das Haus!" – und nach dem Konzert 20 Minuten nur positives Feedback.

Daran denke ich beim Schlussakkord eines Stückes:
Beim Einstudieren: Ist der Schluss groß oder klein? Welche Stimmung führt darauf hin? Welche Stimme hat Funktionstöne, wer muss lauter oder leiser? Oftmals wird vom Schlussakkord an ein paar Takte rückwärts geprobt.
Beim Konzert: Ein kurzer Blick in die Gesichter der Sänger. In diesem Moment kurz vor Einsatz des Applauses gibt es oft einen kleinen intimen Moment zwischen Chorleiter und Chorsängern, der die Möglichkeit bereit hält, klitzekleine Informationen unmerklich auszutauschen: Geht es allen Beteiligten gut? Sind alle in der richtigen Stimmung angekommen? Ein kleines Lächeln oder ein Daumen nach oben gibt den Sängern an dieser Stelle etwas mehr Sicherheit.

BASTIAN HOLZE

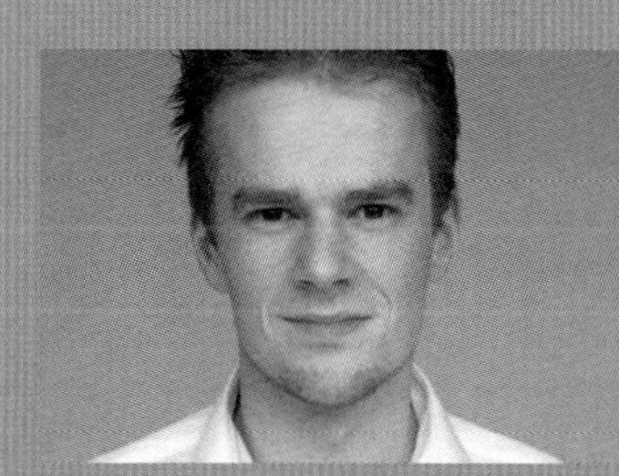

ist studierter Musikmanager und ausgebildeter Berufschorleiter. Als Sänger, Ensemble- und Workshopleiter sowie als Arrangeur und Coach sammelte er vielfältige Berufserfahrungen in Musiktheaterproduktionen und Chorprojekten in Deutschland, Österreich und den USA. Gemeinsam mit Dr. Thomas Busch initiierte er 2009 das jährliche, ehrenamtlich organisierte Berliner Pop- und Jazzchorfestival **TOTAL CHORAL** und rief 2010 **B vocal – the house of vocal art** ins Leben – eine A-cappella-Pop-Etage in Berlin-Friedrichshain. Bastian leitet derzeit vier Chöre, darunter auch den Preisträgerchor **mongrooves**. Er ist Mitbegründer und künstlerischer Leiter des im Oktober 2015 gegründeten Begegnungschores **Berliner singen mit Geflüchteten** und arbeitet als Musiklehrer an 2 Schulen.

Welche A-cappella-Aufnahmen sollte man unbedingt gehört haben:
Von den Klassikern wie Real Group und den King's Singers abgesehen, sollte man den aktuellen State of the art nicht vernachlässigen: elektronischere Interpretationen wie die von Postyr, populäre Vermarktungen wie Pentatonix und natürlich auch OnAir, die in ihrer kurzen bisherigen Existenz unglaubliche Standards setzen. Chorisch gerne die Dänen von Vocal Line oder unsere deutschen Ensembles wie Bonner Jazzchor, Cantaloop etc.

Ein sachdienlicher Tipp bei rhythmischen Herausforderungen im Chor:
Tempo rausnehmen, sprechend proben, Puls und Rhythmus in den Körper setzen und möglicherweise den Takt mathematisch aufdröseln um Synkopen deutlich zu setzen.

... und einer zur Intonation:
Beim Einsingen viele harmonische Übungen nutzen, verschiebende Akkorde, Dissonanzen etc., um das *Aufeinander-Hören* zu trainieren.
Im Probenmoment: Ist die nötige Stütze in der Körperhaltung vorhanden? Passen die Stimmung und der Sound des Klangs zum Song und ist er bei allen einheitlich? Verschiedene Vokalfarben können unangenehme Unsauberkeiten erzeugen.

Was bedeutet Groove für dich?
Groove ist für mich das, was „zwischen den Zeilen steht“. Ein exakter Rhythmus kann sehr statisch wirken. Groove erweckt das Leben in der Musik. Klappernde Einsätze oder auch oft vernachlässigte Tonenden lassen es am Ende nicht knacken. Wenn‘s groovt, bewegen sich alle – auf der Bühne und im Publikum.

Meine liebste Einsingübung:
Die Chororgel: Einen einfachen Dur-Dreiklang in Grundstellung in den Chor legen. Anschließend stimmenweise diatonisch aufwärts wandern (Quinte wandert zur Sexte (Tp). Dann wandert die Terz-Gruppe zur Quarte (S). Der Grundton wird zur None geführt und bildet den Grundton der Sp). So wandert man aufwärts bis zum Quart-Sext-Akkord der Tonika. Eine schön klingende harmonische Übung durch alle diatonischen Dreiklänge einer Dur-Tonart. Beginnt man oben dann, um wieder abwärts zu singen, kann man schöne sus-Vorhalte üben.

Das macht für mich einen guten Chor aus:
Natürlich ist es schön, wenn ein Chor sauber intoniert und ein schönes Blending hat. Das allein lässt aber den Funken noch nicht überspringen. Ich denke, es kommt für mich auf eine gute Mischung aus sichtbarer und hörbarer Energie an. Der Chor muss mich erreichen, mich mitreißen oder mich mit auf seinen Weg nehmen.

Das macht für mich ein gutes Chorkonzert aus:
Abwechslung. Verschiedene Stimmungen, Sounds oder Spannungsbögen. Selbst perfekte Qualität kann nach einer Weile eintönig wirken. Leider unterm Strich auch oft das Zusammenspiel zwischen Chor und Bühnentechnik (Licht und Ton). Eine zu laute Bass-, Solo-, Beatbox-Einstellung oder auch unausgeglichene Stimmgruppen zerschießen den in Kleinstarbeit erarbeiteten homogenen Chorklang.

Das möchte ich singen:
Songs, die die Menschen erreichen. Jedes Publikumsmitglied sollte an einer Stelle des Konzerts berührt sein: Durch ein Lachen, durch einen Schauer aufgrund schöner Harmonien oder zu Tränen gerührt wegen des Inhalts oder der Bühnenpräsenz.

Diese drei CDs nehme ich mit auf die einsame Insel:
CDs? Hmmm ... Darf's auch 'ne Playlist sein? Da muss man sich nicht so einschränken.
Irgendeine der o. g. A-cappella-Gruppen sollte dabei sein. Gerne 'ne groß orchestrierte Musical-Produktion und Franky ... Ein bisschen Sinatra geht in jeder Lebenslage.

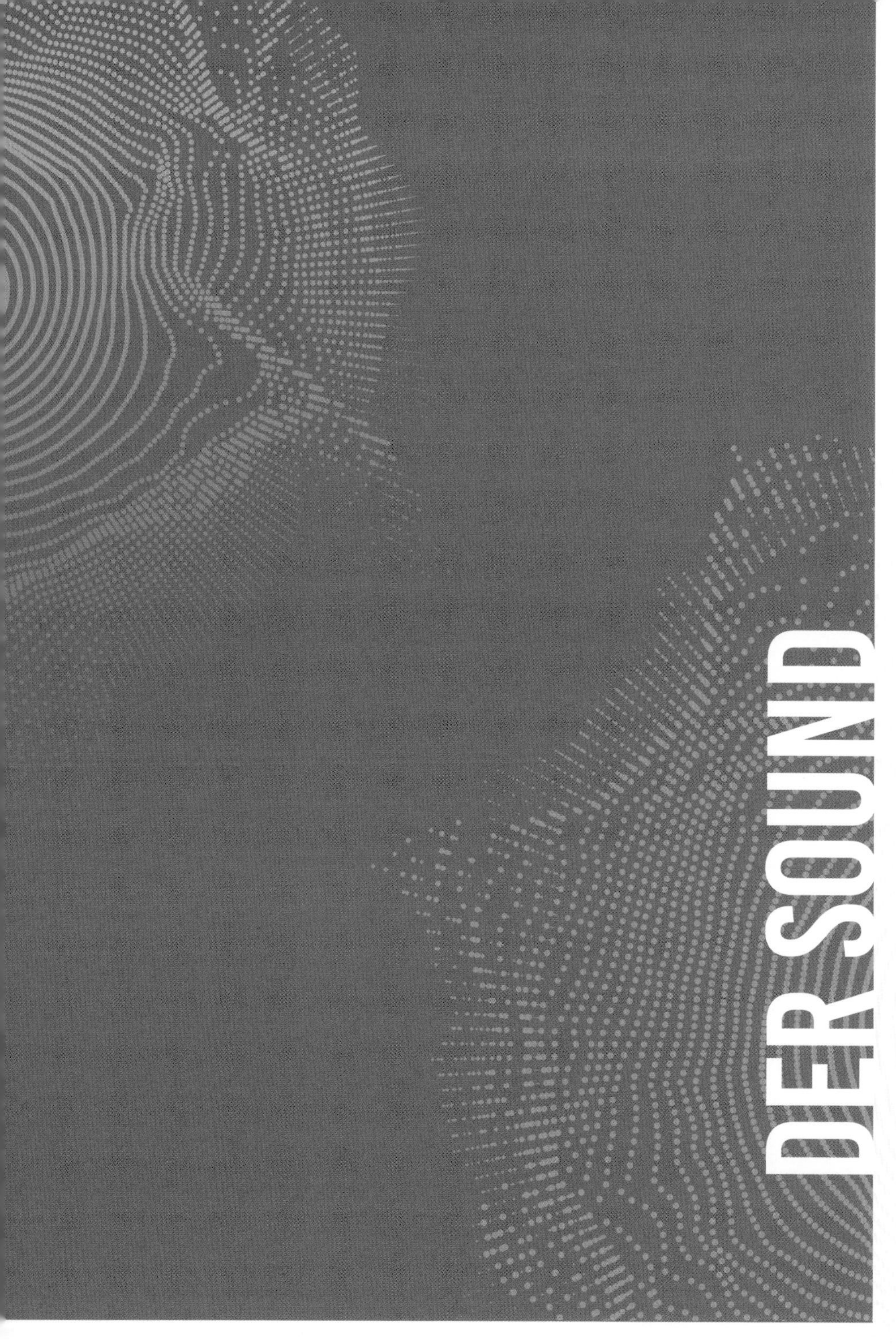
DER SOUND

DER SOUND

Bitte knackiger!

Singen die Soprane überwiegend im Kopfregister, und sind sie beratungs- und änderungsresistent, wird es schwer, in der Popsong-Lage (selten über *d''*) einen stiltypisch echten knackigen, packenden Sound zu erzeugen. Dann hilft nur mehr *Twang* (siehe Seite 128) und eine scharfe Artikulation. Allein mit knackigen Konsonanten lässt sich die Stimme griffiger und *crisper* machen.

Das Bass-Syndrom

Bässe wollen gerne stolz zeigen, wie tief und dunkel sie singen können. Als Ergebnis hört man dann eine muffige, oft schwer definierbare Stimme, die eher nach *Männer-Concordia 1812* klingt und nach „Kinderschreck", als nach frischem, jungen Popchor. „Singt auch ihr (da unten) wie ein Popsänger, ohne Druck, ohne Knödel, ohne zugekniffene, verfaltete Stirn, raus aus der dunklen Basshöhle – singt ohne *Bass-Syndrom*!"
„Dann klingt ihr auch jünger ...!", damit erreicht man sie eigentlich immer.

Vibrato

Im Chor mit Vibrato singen? Bitte nicht! Die Intonation wird diffus und je nach Amplitude treffen sich bei *Close-Harmony* die Stimmen womöglich in der Mitte? Klatschen dann die kleinen Sekunden aneinander? Nein, lieber nicht!

Twang

Noch solch ein inflationäres Zauberwort der Popchorleiter. *Twang* heißt übersetzt: näselnd, scharf klingend! Es ist eine Klangfarbe, die durch das Verengen der aryepiglottischen Falte erzeugt wird. Eine engere Einstellung des Kehlkopftrichters. Klingt komplizierter als es ist: So wie ein typischer Texaner redet: scharf im Klang, sehr obertonreich, vorne durch die Schneidezähne ... das ist *Twang*. Der Klang der Stimme wird dabei subjektiv lauter.
Ein anschaulicher Vergleich ist das Bild des Wasserschlauchs im Garten. Halte ich ihn locker in der Hand, strömt das Wasser im dicken Strahl heraus. Wenn ich den Schlauch nun vorne langsam zusammendrücke, wird der Strahl enger, schärfer, und das Wasser schießt viel weiter und mit mehr Druck (Der Schlauch gießt nun mit *Twang* den Garten!).
Eine Popstimme klingt viel *twangiger* als eine klassische Singstimme, die mit hohem Gaumensegel und niedriger Zungenwurzel einem eher kehligeren Klangideal nachstrebt.

Zeig mir deinen Oberkiefer!

Twang und poppiger Stimmsitz lassen sich gut umsetzen, wenn der Sänger mit einem „Bissgefühl“ (z. B. beim Einsatz in einen imaginären Apfel beißen) singt. „Beim Popgesang möchte man den Oberkiefer sehen“, hörte ich unlängst von einer tollen Stimmbildnerin. Ein gut erklärendes Bild und dienlicher Tipp im Gegensatz zu der dunkel-färbenden Schnute bzw. „Lippentüte“ der eher klassisch orientierten Sänger. Die Mundwinkel an die Ohren!

Complete Vocal Technique (CVT)

Ist das ein Geheimbund? Die Freimaurer des Gesangs? Als sich die neue Idee der Dänin Catherine Sadolin in der Chorwelt herumsprach, hatte es anfangs etwas Exotisches, Eingeschworenes. Das lag und liegt vielleicht auch daran, dass wer CVT unterrichten will, vorab eine dreijährige Ausbildung durchlaufen muss. Im CVT-Tempel in Kopenhagen. Die Familie!?
Viele skandinavische Chöre nutzen diese Technik. Vor allem die Begrifflichkeit, bei der verschiedene Klang-

phänomene benannt und quasi katalogisiert werden. In vier Modi wird der metallische Anteil im Stimmklang unterschieden, hinzu kommen die Klangfarbe (hell/dunkel) und diverse Stimmeffekte. In der Praxis hilft das einem Chorleiter, schnell einen gewünschten Sound mit dem Chor zu erzeugen; wenn die Sänger vorab die Termini und Singtechnik erlernt haben und wissen, wie sie diesen Klang erzeugen.
Mittlerweile gehört CVT bei sehr vielen Popchören zum festen Probenrepertoire. Ich rate jedem Chorleiter, der noch keinen Kontakt mit CVT hatte, solch einen Kurs zu besuchen. Es ist sehr spannend, wie kompetent und scheinbar spielerisch einfach dort verschiedene Klangphänomene im Gesang erklärt und erzeugt werden. Ob man es anschließend im eigenen Chor einsetzen möchte, ist eine andere Frage und Entscheidung. Das Etablieren und Erlernen mit dem Chor kostet natürlich Zeit. Aber CVT sollte jeder einmal gesehen und gehört haben. Es reicht nicht, das Buch zu lesen (welches Martin Carbow ins Deutsche übersetzt hat)! Hingehen!
www.cvtdeutschland.de

Der Sopran klingt zu brav ...

Eine Herausforderung für stilechten Popgesang und viele Chöre ist der *Belt*, das Singen der Soprane fast ausschließlich im Brustregister. Die meisten weiblichen Popkünstler singen eben nicht im Kopfregister, der typischen Lage eines klassisch geprägten Soprans, sondern nutzen diese Lage selten und dann als außergewöhnlichen Klangeffekt. Mit dieser Belt-Stimmtechnik kann eine Frauenstimme nur bis ca. zum d" singen (mit rotem Kopf noch ein, zwei Halbtöne höher). Der Klang wird dabei scharf, *twang*iger (*Twang* siehe oben) und auch sehr kräftig.
Ich sehe immer wieder Chorsängerinnen mittleren Alters, die in „kopfiger" Tradition großgeworden, große Probleme mit dem Brustregister haben.
Gleichzeit höre ich von vielen Schulmusikern, dass die jungen Mädchen große Probleme mit dem Kopfregister haben. Eben weil es in „ihrer" Musik kaum noch vorkommt.

INDRA TEDJASUKMANA

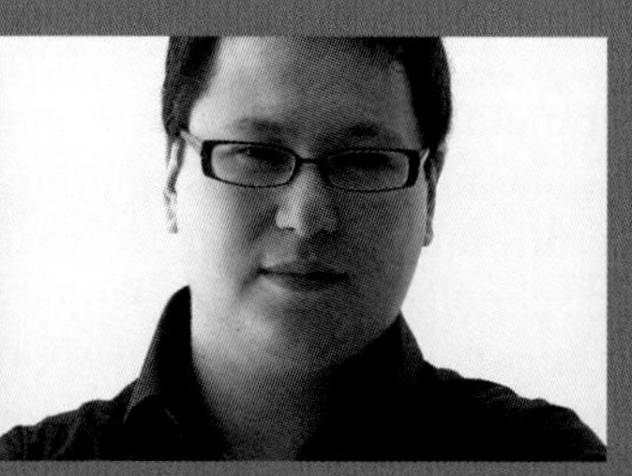

ist Beatboxer, Popchorleiter und Arrangeur. Neben seiner künstlerischen Bühnentätigkeit mit A-cappella-Bands und Chören ist er bundesweit als Workshop-Dozent aktiv. Indra unterrichtet an Musikhochschulen die Fächer Popchor, Pop-/Rock-/Jazz-Gesang und Chor-Arrangieren. Sein gemeinsam mit Andreas Kuch veröffentlichtes Buch *Beatbox Complete* (Helbling) wurde mit dem deutschen Musikeditionspreis „Best Edition" ausgezeichnet.

Das sage ich meinem Chor kurz vor dem Auftritt ... die letzten Worte vor dem Einsatz:
Ich klatsche in die Hände und sage freudig: „Yesss, auf geht's!"

Daran denke ich beim Schlussakkord eines Stückes:
Ich lege mich ganz in den Akkord hinein und genieße die Harmonie und die Reaktion des Publikums.

Welche A-cappella-Aufnahmen sollte man unbedingt gehört haben:
Oh, da gibt es viele ...! Für die geschichtliche Basis würde ich empfehlen: Singers Unlimited, The Real Group, Take 6, Swingle Singers und Bobby McFerrin. Die modernen und neuen Gruppen findet man dann leicht.

Ein sachdienlicher Tipp bei rhythmischen Herausforderungen im Chor:
In halbem Tempo proben. Den jeweiligen Rhythmus gemeinsam mit viel Energie sprechen, bis der gesamte Chor eine Einheit bildet. Danach wieder im Originaltempo sprechen, und wenn das klappt, wieder singen.

... und einer zur Intonation:
Back to basic: Den Chor einen Ton im identischen Unisono und mit gleichem Stimmklang singen lassen. Danach eine Quinte singen und die obere oder untere Stimme mit Handzeichen in Halbtönen hoch- oder runterpitchen. Erst weitermachen, wenn das Intervall konstant und sauber klingt. Wenn das Gehör nach einer Weile wieder geschärft ist, weiterproben.

Was bedeutet Groove für dich?
Groove ist für mich das Pulsieren und Tanzen innerhalb von Taktstrichen. Das geht nicht nur mit offensichtlichen Mitteln wie Beatboxing oder Bodypercussion! Grooven kann man auch auf Text und auf Silben (*Du, Dw, Nen, Kng* etc.), wenn das Ensemble sich gedanklich auf das Stück eingestimmt hat.

Meine liebste Einsingübung:
Eine Tonfolge oder Akkord(-folge) nach Wahl in verschiedenen stimmlichen Farben („Modes", „Voice Qualities" etc.) singen: Mal kernig, mal luftig, mal mit glottalem Einsatz, mal mit aspiriertem Einsatz. So wird das Einsingen direkt mit Stimmbildung verbunden.

Das macht für mich einen guten Chor aus:
Die Bereitschaft intensiv an einem Stück oder einem bestimmten Zielklang zu arbeiten und dabei Freude zu haben, auch wenn es lange dauern kann. Am Ende wird man mit einem tollen Klang belohnt!

Das macht für mich ein gutes Chorkonzert aus:
Arrangements, die stilistisch und stimmlich zum Ensemble passen! Gut ausgeführte Ansagen, die das Publikum auf das Kommende einstimmen. Freude, ehrliche Emotionen und Leidenschaft, die bis zum Publikum vordringt.

Das möchte ich singen:
Popmusik mit Groove und Aussage. Eigene Arrangements mit neuen Sounds.

Diese drei CDs nehme ich mit auf die einsame Insel:
Club for Five, *UNI* (2006);
Naturally 7, *Non Fiction* (2000);
Viisi, *Joulun Lauluja* (2010);

Popmusikarrangements bewegen sich für den Sopran meist nur in dieser eingestrichenen Oktave. Und da klingt eine Frauenkopftstimme dünn und kann nur schwer einen coolen, knackigen Sound erzeugen. Ein Grund übrigens, warum wir Arrangeure gerne Melodiepassagen an den Tenor vergeben. Die klingen leichter poppig.
Gibt es eine Lösung? Es hilft, mit den Sopranen in Übungen – auch beim Einsingen – das Brustregister „hochzuziehen" und ihnen überhaupt erst einmal ein Bewusstsein für diesen Stimmsitz zu eröffnen. „Singt mal wie eine Hexe, böse, nasal ... *nenenene*". CVT, die *Complete Vocal Technique* bietet diverse Ideen an. Die große Kunst ist, beide Register zu mischen (Misch-Belt).
Nach meiner Erfahrung bleibt das aber eine fast unlösbare Aufgabe, aus einem kopfig-singenden Sopran eine Belt-Röhre zu machen ...

Diphthong ...
Es ist vorbaaaa-aaaai!

Ein Diphthong sind zwei aufeinander folgende Vokale (z. B. bei Worten wie *Zeit, Braut, Zeug*). Im klassischen Gesangsideal wird der erste Vokal möglichst lange ausgehalten und der zweite erklingt erst kurz vor dem Ende der Note: *„Ich habe keine Zaaaaaaaaaaaaaait!"*, sänge der klassische Tenor.
Im Pop wird der klangliche Farbwechsel der beiden Vokale oft gefeiert, genossen, ausgekostet und gern als Stilmittel bewusst eingesetzt: *„Ich habe keine Zaaaee-eiiiiiit!"*
Es klingt immer seltsam und stilfremd, wenn ein Popchor bei einem Diphthong ganz „klassisch" färbt und spät wechselt.
Ein gutes Lied zum Üben ist die Popjuwele *Junimond* von Rio Reiser: *„Es ist vorbei, bye, bye ..."* Ein Fest der Diphthonge! Das *bei* bzw. *bye* färbt sich dabei gleich von Anfang an *twangig*, mit Schärfe und Biss.
Überhaupt Rio und die Diphthonge: In dem Lied *Menschenfresser* (1986) spielt er mit dem Wort Zeit: *„Es ist halt 'ne harte Zaiaiaiaiait!"*

Ooh oder _uh_

Viele deutschsprachige Popchöre singen ein solides Englisch solange es um Text geht. Aber Klangsilben wie *doo, goo, woo* oder auch ein ausgehaltes *ooh* klingen plötzlich oft nach deutschem Brahms-*U*. Das englische *oo* ist aber weicher, klingt eher etwas nach dem Leipziger Raum mit ganz leicht vorgeschobenen Unterkiefer und deutlich geschlossenerem Mund als beim *u*.

Abwechslung!

Die Stimme kann so viele verschiedene Klänge erzeugen. Dunkel, hell, scharf, warm, laut, leise ... Zu den Vokalen kommen die wunderbaren Ecken und Kanten der Konsonanten und dann noch die ganzen Geräusche: von Atmen, Zischen, Schnalzen bis zur Beat-Box ... Ein Chorkonzert wird auch abwechslungsreich, wenn jeder Titel etwas anders klingt und diese Bandbreite voll ausgekostet wird: Poppig, jazzig, gospelig, klassisch, wie ein Choral, wie ein verzerrtes Gitarrensolo ... Gern als zitiertes Klischee bzw. als überraschender Effekt.

Stimmeffekte

Im Pop „darf" man alles, was im klassischen Gesang „verboten" ist: Den Ton hinten fallen lassen (*fall*), wie ein Bläser in der Big Band, einen Ton extrem anhauchen (z. B. bei „You" vorne einen Effekt auf dem *Y*), das Anknarzen (*creaking*) eines Tones, eine typische Popsängerattitüde oder auch das bewusste Spiel mit den Atemgeräuschen ...
Die *Complete Vocal Technique* (siehe Seite 128) hat die Stimmeffekte übersichtlich katalogisiert.

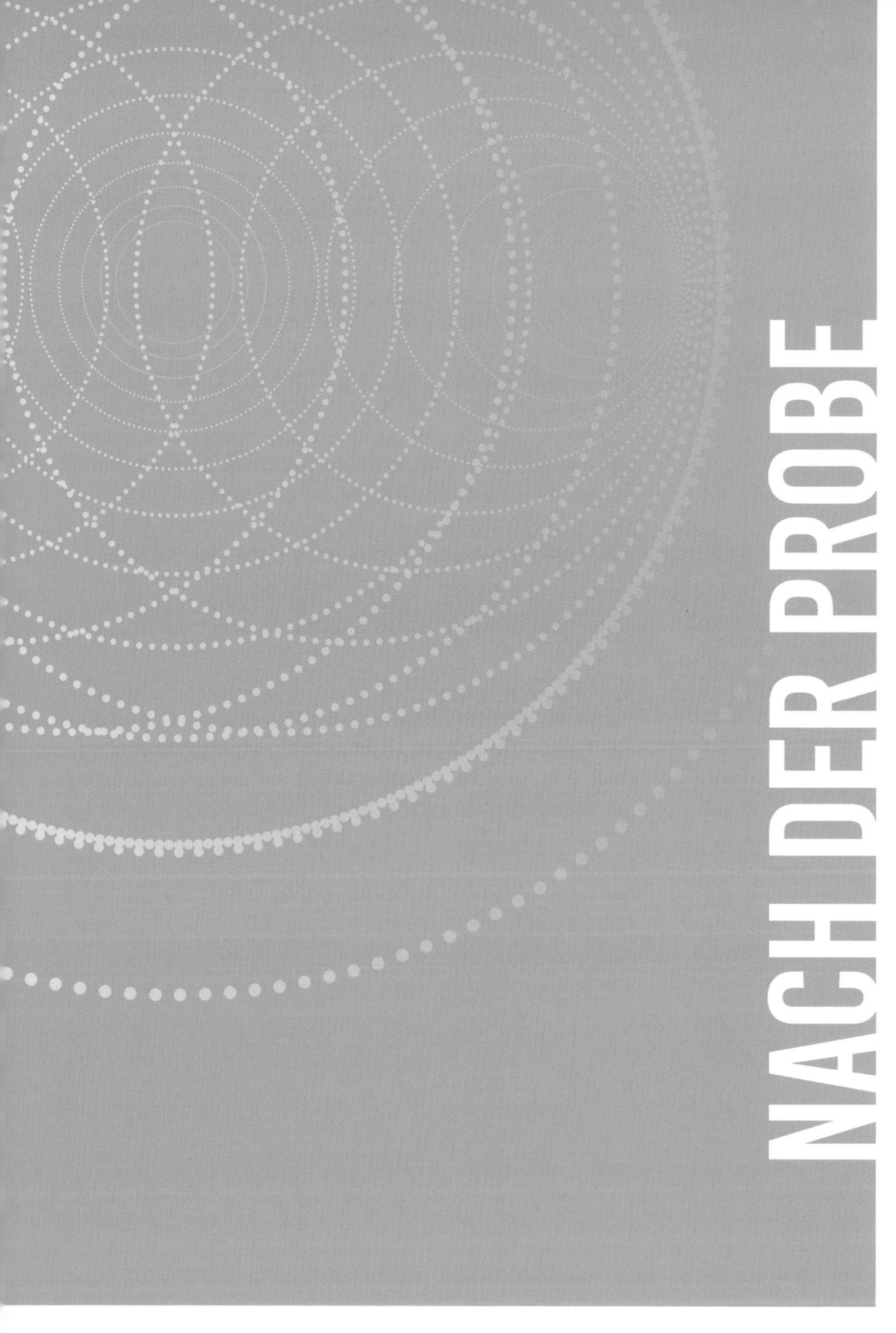

NACH DER PROBE

NACH DER PROBE

Der Energiefluss ...

Das sind mir die liebsten Proben: zu Beginn ein leicht dösiger, müder Haufen von Sängern und ich selber aufgekratzt und scharf darauf, dufte Musik zu machen. Und am Ende eine lebendig, lustige Gruppe und ich selber schön alle und wunderbar erschöpft. Die Energie ist geflossen ...
Wie nach einem guten Ausdauerlauf genieße ich hier das Nach- und Ausglühen mit allen!

Probennachbereitung

Die Zeit bis zur nächsten Chorprobe geht schnell vorbei und im wöchentlichen Trubel vergisst man gern, was wie gut lief und was doch noch eine erneute Intensivbetrachtung braucht.
Tipp: im Probenplan mit kurzen + (war schon gut), - (muss nochmal), ~ (hie und da noch wackelig), ++ (aufführungsreif) Zeichen markieren, wie die geprobten Stücke am Ende liefen.

Auswertung

Sollte nach dem Ergebnis und der Erkenntnis der letzten Probe der Plan für die nächsten Wochen geändert werden? Wenn ja, dann lieber gleich!

Warum klappte diese eine Stelle nicht?

Habe ich einen Mitschnitt der Probe? Oder erinnere ich mich, *wie* ich geprobt habe? Wenn es einen resistenten gordischen Knoten bei einem Stück gibt, dann gleich nach der Probe, wenn man selber noch gut im Thema ist, eine Lösungsstrategie für die nächste Woche finden und aufschreiben.

Wer hat nächste Woche Geburtstag?

Gibt derjenige anschließend eine Runde aus, schmeißt eine Lage? So, dass alle noch etwas beisammen bleiben? Oder kann ich einen anderen Grund finden, dass bei der nächsten Probe nicht alle sofort auseinander laufen?

Motivationsmail

Mit einer kurzen Mail kann ich den Sängern am Tag nach der Probe eine positive Rückmeldung geben. Das motiviert! Vielleicht kombiniert mit einer Aufgabe:
„Das war schon sehr gut gestern! Bravo! Ich freue mich auf die nächste Probe mit euch. Bitte den Text zu *xxx* dann wirklich alle auswendig können ..."

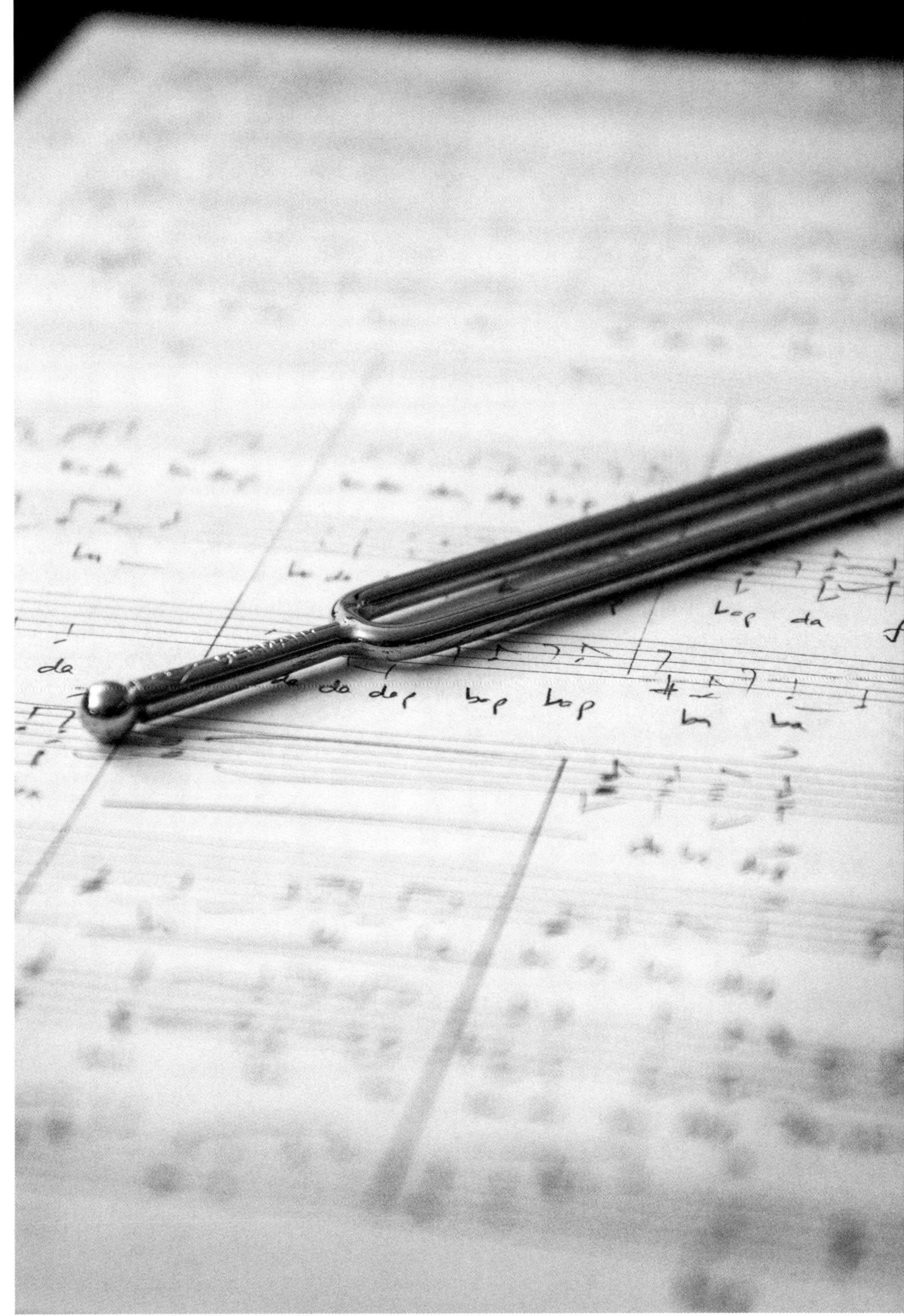

JAN BÜRGER

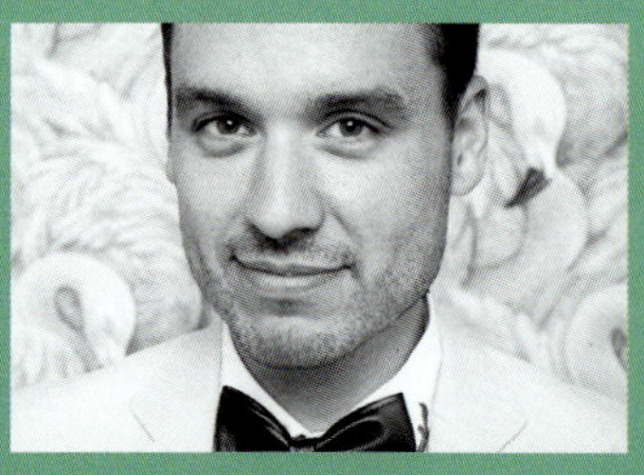

steht seit seinem 8. Lebensjahr regelmäßig auf den Brettern, die die Welt bedeuten. Angefangen hat er im Göttinger Knabenchor und machte seine ersten Bühnenerfahrungen als Knabensolist mit dem Göttinger Symphonie Orchester und am Deutschen Theater Göttingen. Sein musikalischer Weg führte ihn zu **Maybebop**, wo er nun seit 18 Jahren als Countertenor, Songwriter und Arrangeur tätig ist und jährlich um die 100 Konzerte in ganz Deutschland, Österreich und der Schweiz spielt. Seit einigen Jahren gibt er regelmäßig Workshops und schreibt Arrangements für Chöre und Vokal-Ensembles.

Das sage ich meinem Chor kurz vor dem Auftritt ... die letzten Worte vor dem Einsatz:
„Spaß haben!"

Daran denke ich beim Schlussakkord eines Stückes:
Die Energie und Stimmung des gesungenen Stückes nach dem letzten gesungen Ton für ein paar Sekunden aufrecht zu erhalten, gibt den Zuhörern die Möglichkeit, das Stück Musik nachwirken zu lassen. Es entstehen so ganz tolle Momente.

Welche A-cappella-Aufnahmen sollte man unbedingt gehört haben:
Sehr beeindruckend finde ich das Album *Frost Free* von Cadence aus Kanada.

Ein sachdienlicher Tipp bei rhythmischen Herausforderungen im Chor:
Übt es langsam und seid geduldig mit euch. Erfahrt den Rhythmus auf allen körperlichen Ebenen. Singt ihn, sprecht ihn, klatscht ihn, stampft ihn. Bis der Letzte es geschnackelt hat.

... und einer zur Intonation:
Sich gut zuzuhören ist wichtig. Wenn ein Ensemble mal fällt oder steigt ist es verzeihbar, solange es organisch und miteinander passiert.

Was bedeutet Groove für dich?
Die Möglichkeit, das Gesungene zu „verkörperlichen". Den Groove zu spüren hilft sehr, tiefer in die Musik einzutauchen.

Meine liebste Einsingübung:
Auf den Fußballen mit weichen Knien hüpfen. Arme, Schultern, Kiefer locker und einfach ein bisschen tönen. Ohne Druck und in entspannter Lage. Minimum 30 Sekunden. Regt den Kreislauf an und macht den Kehlkopf schöööööön tief.

Das macht für mich einen guten Chor aus:
Ein Chor, bei dem alle Sänger von Anfang bis Ende voll dabei sind und der Chorleiter eigentlich überflüssig wird.

Das macht für mich ein gutes Chorkonzert aus:
Wie bei jedem anderen Konzert auch. Eine gute Mischung aus Unterhaltung, Kurzweiligkeit und Musikalität.

Das möchte ich singen:
tief.

Diese drei CDs nehme ich mit auf die einsame Insel ...
Geht auch ein mp3-Player?
Nein? Na gut ...
Dirty Loops, *Loopified*;
Sara Bareilles, *Kaleidoscope Heart;*
London Grammar,
Truth Is a Beautiful Thing;

VOR DEM KONZERT

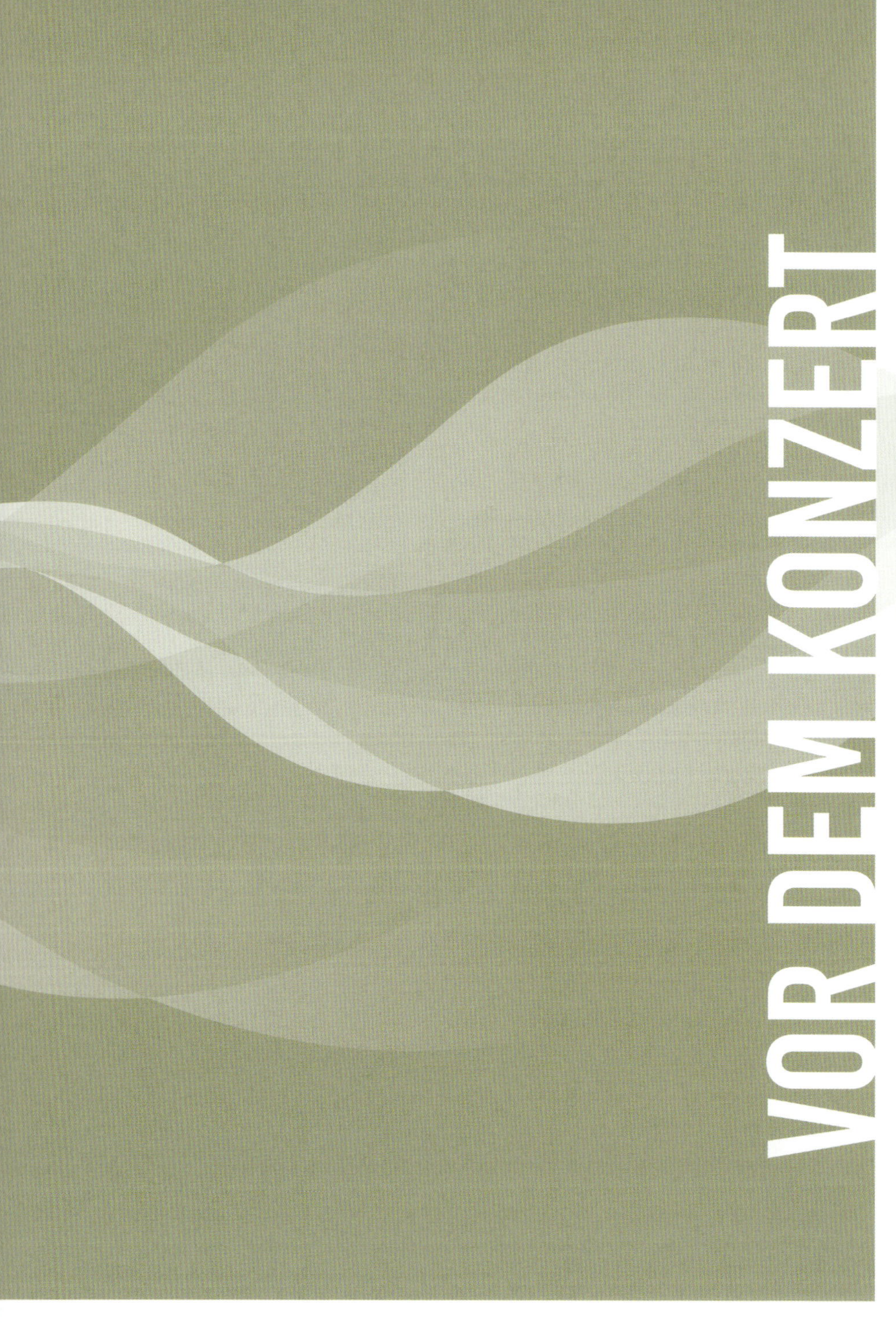

VOR DEM KONZERT

Die Generalprobe vor Publikum

Ein Konzert ersetzt fünf Proben. Die Sänger nehmen auf der Bühne vor Publikum alles viel intensiver wahr. Dem Adrenalin sei gedankt! Lädt man sich Freunde in die Generalprobe ein, gibt es schon ein bisschen Konzert-Feeling zum Schnuppern und garantiert wache, aufmerksame Sänger. *Freunde* werden es einem nachsehen, wenn etwas noch nicht 100%ig klappt, und wahre Freunde kommen auch nochmal ins richtige Konzert.

Schlechte Generalprobe – gutes Konzert?

Das ist eine alte Bühnenweisheit. Sie beruht auf der Erfahrung, dass man, wenn die Generalprobe sehr gut lief, oft mit gefährlich überhöhter Selbstsicherheit auf die Bühne tritt. Daraus resultiert eine allgemeine Unkonzentriertheit und dann passieren Patzer.
Eine gute Generalprobe darf und soll man genießen, aber den Chor auch unbedingt an die nächste Stufe, das Konzert und die Gefahr von zu selbstsicherer Lässigkeit erinnern.

Lampenfieber ist bis zu einem vertretbaren Maße wunderbar. Dieses Kribbeln im Bauch ... Das Adrenalin versetzt uns im Idealfall genau in die Spannung, in der wir ungeahnte Höchstleistungen vollbringen können.
Andere machen Bungee-Jumping, wir geben Konzerte!

Nenas Rat: Gähnen!

Wenn Nena vor einem Konzert aufgeregt ist, hilft ihr Gähnen zur Entspannung. Das berichtete die Sängerin unlängst in einer Radiosendung. Der Parasympathikus würde dadurch eingeschaltet und „das System runtergefahren". Na, wenn es hilft! Ausprobieren ...!
Nur nicht auf der Bühne auf diese Weise das Lampenfieber bekämpfen, das würde auf das Publikum sicher verstörend wirken.

Head-and-tail-Durchlauf

Der Begriff kommt vom Musical: Dort werden in solchen Proben die Musikstücke übersprungen. Es geht um die Szenen, die Umbauten und die Wege, eben das Ganze.
Die Methode hilft auch bei Chorkonzerten, in denen auf der Bühne viel passiert. Gemeinsam geht der Chor den Konzertablauf durch: Auftritt, der erste Titel (die ersten Takte ansingen und dabei auf die richtige Haltung zum Lied achten), dann Ansage von xxx ... (wo steht wann welches Mikro?), dann Umstellung des Chores, Mikro ausmachen und wegstellen, dabei Aufbau Cajón und dann das zweite Lied (wieder kurz ansingen) ... usw.
Solch ein Durchlauf übt und erinnert an flotte Übergänge (wichtig!). Er schont die Stimmbänder und spart sängerische Energie für das gleich folgende Konzert und lässt doch den kompletten Auftritt im Kopf Revue passieren. Gut, wenn man trotz Weglassen der Lieder jeweils an die Grundstimmung des Songs und die Haltung des Chores erinnert.

Schnelldurchlauf

Nach dem Warm-up singe ich in umgekehrter Reihenfolge alle Stücke kurz an: Ton angeben, ansummen, die ersten Takte genügen. Der Chor erinnert das Feeling, den Groove, Tempo, die knifflige Stelle – was war zu bedenken, Anfangsdynamik ... Als letztes singen wir das erste Stück des anschließenden Konzertes an.

Moderation

Ansagen sollte man sich vorher gut austüfteln. Nichts ist peinlicher als ein Ansager, der auf der Bühne nach Worten sucht und/oder kein Ende findet! Wie bereits gesagt: die Ansage darf nicht länger als das Stück sein. Und: die Zuschauer wollen unterhalten werden! Also humorige Ansagen ausdenken, keine wissenschaftlichen, faden Vorträge, keine Predigt, und alles vorher aufschreiben und abstoppen! Und: üben!
Wie viel von dem, was dann folgt, soll man überhaupt vorher verraten? Wenn der Zuschauer schon alles weiß (z. B. den Songtitel, jemand wird gleich ein Solo singen, und wer das ist, Choreoeinlagen oder andere Gags ...) verliert er leicht die Spannung und hakt innerlich nur noch ab. Oft ist es besser, Dinge erst im Nachhinein zu benennen und Solisten vorzustellen: „Dieses wunderbare Solo sang eben ...!"
Gedruckte Programme mit Titellisten nehmen so auch die Überraschung über die Songauswahl des Abends!

Einsingen vor dem Konzert

Kannst du mich hören? Und auch hier sei nochmal an die richtige Intonation erinnert! Die erste Quinte sollte unbedingt stimmen! Wer bereits beim Einsingen sackt, wird's auch später im Konzert nicht sauber hinbekommen.

Auf- und Abtritt

Viele Chorsänger denken unterbewusst, dass das Konzert mit dem ersten gesungenen Ton beginnt. Dabei schauen die Zuschauer schon vorher gebannt auf die Bühne. Daher auch immer den Auf- und Abtritt proben. So wie das kollektive Verbeugen. Alles mit Stil und Haltung. Nicht durcheinander und chaotisch.
Und wie steht der Chor zwischen den Stücken, z. B. bei Ansagen da? Bitte nicht mit dem Nachbarn unterhalten, von der Bühne der eigenen, stolzen Oma im Publikum winken, auf die Uhr gucken, popeln, Mails checken, Facebook ...

Soundcheck

Kurz vor dem Konzert sollte man nicht die ganze Energie verschießen, Stücke nicht komplett durchsingen oder bewusst mit leicht reduzierter Energie („Nachher dann mit 100%!"). Ich singe beim Soundcheck immer *zuletzt* das *erste* Stück des Konzertes an.

JENNIFER KOTHE

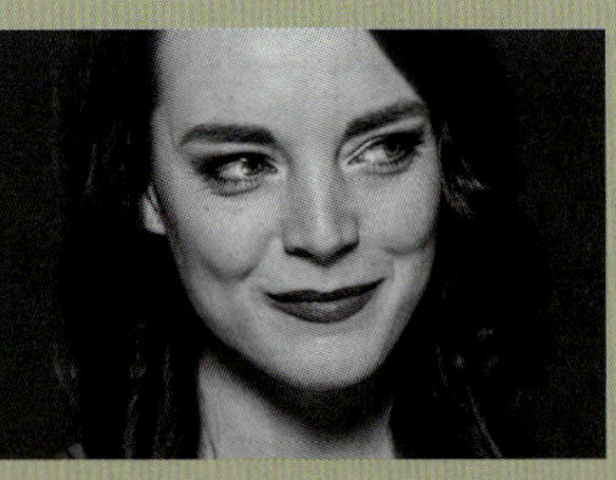

schloss 2009 ihr Musikstudium im Fach Popularmusik als Gesangssolistin an der Hochschule für Musik „Hanns Eisler", Berlin ab. Sie erhielt u. a. Unterricht bei Prof. Judy Niemack, Prof. David Friedmann und Eleanor Forbes. Sie ist Gründungsmitglied von **OnAir**, einer der erfolgreichsten deutschen A-cappella-Bands. Jennifer ist außerdem tätig als Gesangscoach, Studiosängerin, Arrangeurin, Chorleiterin und Solistin in Jazz & Rockbands, Orchestern und Musicals.

Das sage ich meinem Chor kurz vor dem Auftritt ... die letzten Worte vor dem Einsatz:

„Schaltet den Kopf aus und das Herz an. Vertraut auf das wochenlange Üben und erlebt die Musik, die ihr zusammen erschafft. Jetzt kann man eh nix mehr retten." ;)

Daran denke ich beim Schlussakkord eines Stückes:

„Puh, geschafft." Nein, im Ernst: Als Chorleiterin denke ich „Spannung halten". Das Stück endet nicht mit dem letzten Akkord. Auch nicht zwei Sekunden danach. Manchmal nicht mal mit dem Einsetzen des Applauses. Ihr habt im besten Fall gerade die Erde zum Beben gebracht, also fühlt und horcht mit aller Aufmerksamkeit nach.

Welche A-cappella-Aufnahmen sollte man unbedingt gehört haben:

Diese Alben: Cadence, *Frost Free*; Bobby McFerrin, *VOCAbuLarieS*; Take 6, *Take 6*;

Ein sachdienlicher Tipp bei rhythmischen Herausforderungen im Chor:

Für meinen Chor habe ich etwa die Hälfte der Lieder mit Bodypercussion geschrieben, daher gibt es beim Einsingen immer auch rhythmische Übungen. Allein die stete Wiederholung von einfachen Grooves mit Einsatz des Körpers führt zu einem besseren Rhythmusgefühl der Chorsänger. Für konkrete Stellen in der Musik hilft es, mit reduziertem Tempo zu üben, wenn möglich in Schleife zu singen/sprechen, und wenn nötig die Stelle in kleinst-sinnvoller Taktunterteilung durch zu erklären. Wichtig ist, dass der Chorleiter die rhythmische Vertraktung selbst bis ins Detail versteht, andernfalls wird auch der Chor immer nur pfuschen.

... und einer zur Intonation:

Für eine gute Intonation im Chor muss man immer an mehr als einer Baustelle arbeiten. Hier nur ganz grob, was ich für wichtig halte:

1. Eine wohl dosierte Körperspannung
2. Eine möglichst exakte Vorstellung der zu singenden Töne
3. Eine nahezu absolute Anpassung der Vokalformung/Obertonstruktur der einzelnen Sänger
4. Der Kontext: die Funktion der eigenen Töne in der jeweiligen Harmonie zu kennen/spüren

Was bedeutet Groove für dich?

Groove ist, wenn die rhythmischen Elemente mit Leben, mit Menschlichkeit gefüllt werden.

Meine liebste Einsingübung:

Alle sind mir lieb. Aber am liebsten habe ich die, die der Chor nicht nur technisch, sondern auch mit Ausdruck und Gefühl singen kann.

Das macht für mich einen guten Chor aus:

Ein Chor, der offene Ohren füreinander hat und nicht nur auf den Chorleiter starrt.

Das macht für mich ein gutes Chorkonzert aus:

Saubere Intonation vorausgesetzt: wenn mich das WAS bewegt und ich aufhören kann über das WIE nachzudenken.

Das möchte ich singen:

Alles, was mich bewegt und alles, was mich Neues lehrt.

Diese drei CDs nehme ich mit auf die einsame Insel:

Jacob Collier, *In My Room*; Coldplay, *Parachutes* und Joni Mitchell, *Song to a Seagull.*

Wie klingt es im Raum?

Wird der Chor verstärkt? Muss ich dem Tonmischer Hinweise geben und Wünsche äußern? Hören sich alle Sänger gegenseitig gut auf der Bühne? Und wie klingt es im Raum? Auf jeden Fall brauchen die Sänger Zeit, um sich an die neue Akustik zu gewöhnen. Als Chorleiter lasse ich den Chor alleine auf der Bühne singen und lausche abwechselnd aus allen Ecken des Saales. Manchmal muss man den Chor, der noch wegen der neuen ungewohnten Hörsituation unsicher ist, beruhigen: „Keine Sorge, hier draußen klingt es phantastisch! Man hört alles!"

Die letzten Worte

Als Dirigent bin ich auch immer ein Motivator. Ähnlich einem Fußballtrainer, der kurz vor dem Anpfiff die Mannschaft nochmals auf das gemeinsame Ziel einschwört und „scharf macht".
Keine Details von schwierigen Stellen mehr anmahnen, nicht drohen, keine Angst machen, keine Unsicherheit verbreiten:
„Jetzt gehen *wir* raus und zeigen's denen!", „Viel Spaß! Genießt es!", „Denkt dran: Heute singen wir die Mutter aller Konzerte! Ich habe ein gutes Gefühl", „Ich wünsche mir, dass das Publikum sieht, dass wir alle Spaß haben!", „Ich freu mich auf euch!"

Strahle ich als Chorleiter Ruhe aus?

Es ist vergleichbar mit den Turbulenzen beim Flug: Solange die Stewardessen entspannt gucken, kann es so schlimm nicht sein, denke ich mir jedenfalls als Passagier. Meine eigene Aufregung und Nervosität als Dirigent würde sich, wenn ich sie mir deutlich anmerken lasse, negativ auf den Chor übertragen. Also: Pokerface!

Ein Adjektiv pro Lied!

Gibt es ein Adjektiv, das ich dem Chor vor dem Stück auf der Bühne zuflüstern kann, welches an die Grundhaltung, den Sound und/oder die Message des folgenden Songs erinnert? Frech, dreckig, trotzig, verträumt, verliebt, verrückt, groovy, mit Ecken, denkt dran: Protestsong!
Und wenn mir kein passendes Adjektiv einfällt: *wach*! Das passt immer!

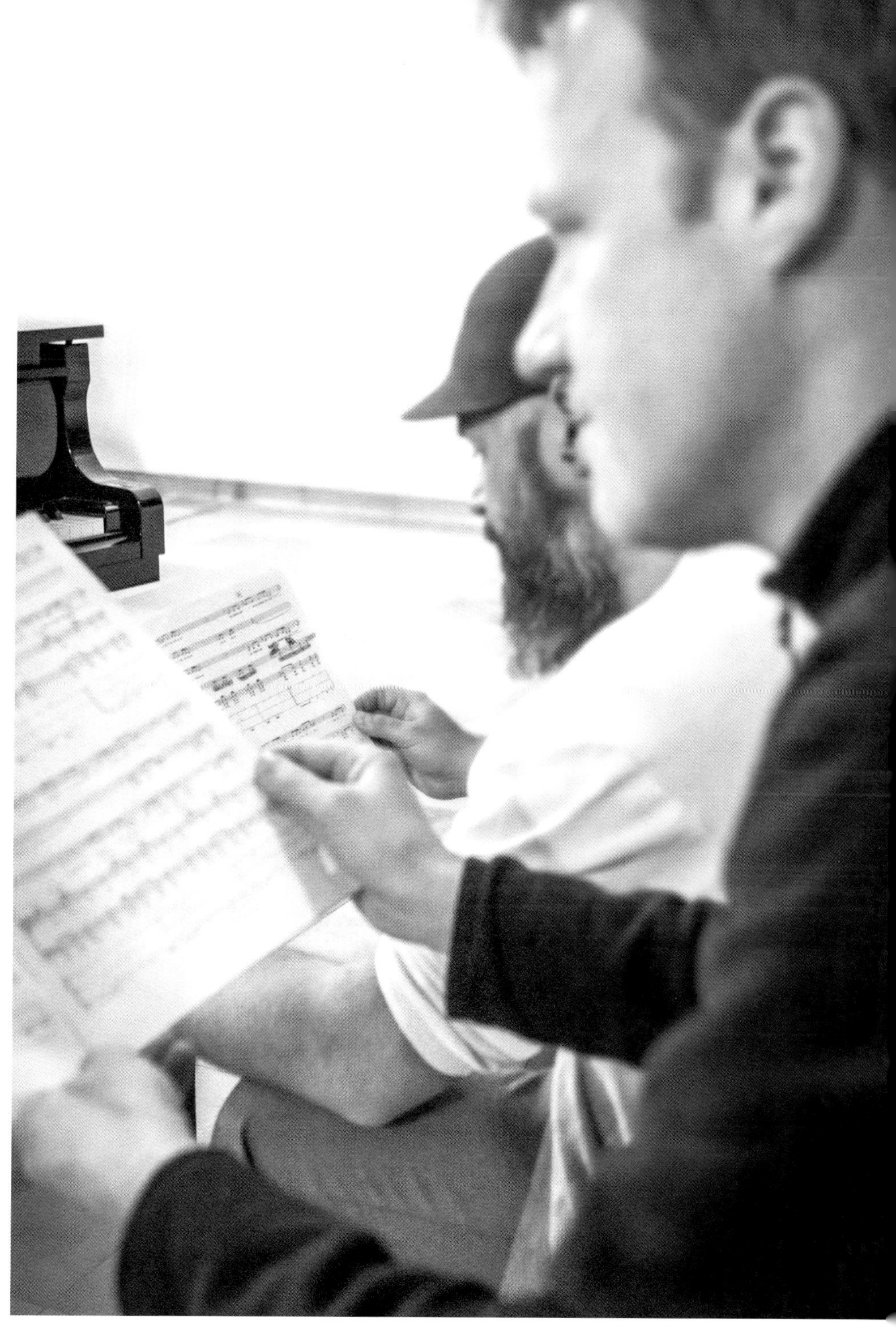

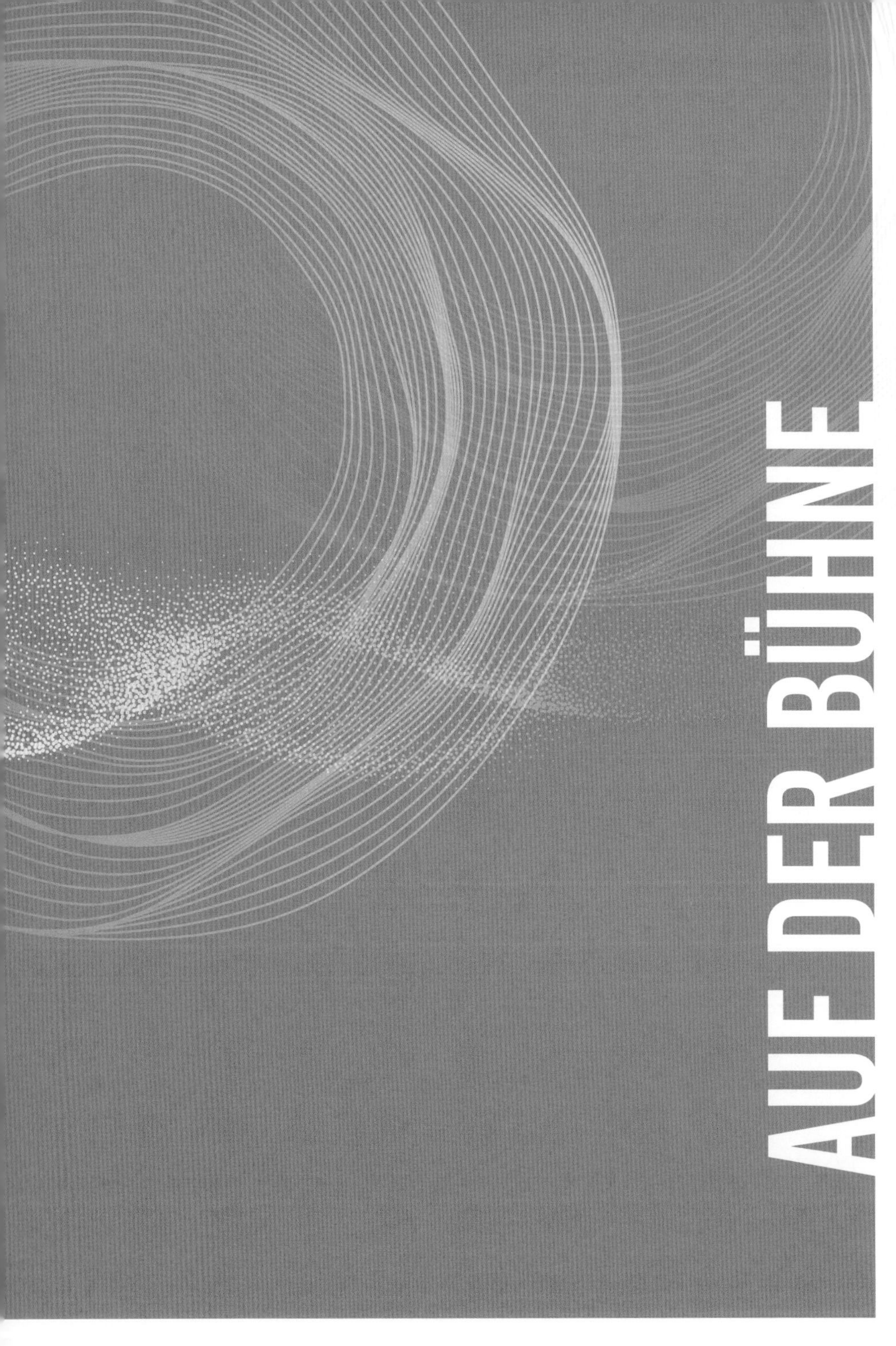

AUF DER BÜHNE

AUF DER BÜHNE

Stolz auf die Bühne

Der Auftritt der Sänger gehört bereits zum Konzert, sollte wie auch die Songs gut geprobt sein und nicht länger dauern als der folgende Titel. Der Chor strahlt Souveränität aus, wenn er stolz, selbstbewusst, flott, mit Haltung und freudig erregt die Bretter, die die Welt bedeuten, betritt. An all das darf ich als Chorleiter vorher nochmals erinnern: Haben wir doch viele Asse im Ärmel, die wir gleich effektvoll ausspielen werden. Diese Vorfreude darf man gerne sehen!

Augenkontakt

Jedes gute Konzert ist kommunikativ: von der Bühne in den Zuschauerraum und auch zurück. Der Chor darf bereits beim Auftritt damit beginnen und seinem Publikum in die Augen sehen. Und das gilt auch für das Verbeugen am Ende des Konzertes.

Spannung halten!

Immer wieder sehe ich Choristen, die bereits wenige Takte vor Schluss innerlich Feierabend machen. Freitag um eins ...? Den Stecker zieht bitte stets und ausschließlich der Dirigent! Und es ist ratsam, bereits während der Probe darauf zu achten, dass die Schlüsse immer mit Spannung bis zum Ende gehalten werden. Bei Balladen noch 2–3 Sekunden nach dem letzten verklungenen Ton.

Wohin mit den Händen?

Wie steht der Chor auf der Bühne? Stolz, aufrecht, locker und doch sicher und fest auf beiden Beinen. Und die Hände? Hängen die Arme locker? Immer bereit zum Fingerschnips, handclap oder einer groovigen Bewegung? Alles, aber bitte nicht die Hände vor dem Bauch falten! Keine „Merkel-Raute“ oder Strafstoßhaltung von Fußballern.

Übergänge

Was passiert zwischen zwei Titeln? Hält der Chor die Bühnenpräsenz? Oder schlafft er ab, wird er „privat“ (kleine Gespräche, auf die Uhr gucken, sich kratzen, Haare richten ...). Im Idealfall sind auch diese Momente bewusst in Szene gesetzt. It‘s Showtime!
Es ist interessant, bei einer Doppelmoderation im Fernsehen jeweils die Person zu beobachten, die gerade nicht spricht. Bei den meisten Profis kann man sich da was abgucken!

Vertrauen

Claudio Abbado zeigte im Probendirigat sehr detailliert, was er wie, wo, wann haben wollte. Oft durfte ich als Chorsänger miterleben, wie er später im Konzert losließ und Orchester und Chor selbstständig musizieren durften. Sein Dirigat wurde ganz bescheiden, klein, nur das Notwendigste. Das war ein großes Vertrauen, eine große Freiheit, welche die Musiker immer hörbar beflügelte.

Tonangabe

Die meisten Vokalensembles lassen sich die Töne für das nächste Stück über ihre Kopfhörer des *in-ear-monitorings* einspielen. Keine Stimmgabel oder –pfeife ..., magisch fangen sie einfach zu singen an. Und noch dazu sauber und in der richtigen Tonart.
Die Gabel am Ohr des Dirigenten, die vorgesungenen Starttöne und dann das gemeinsame Ansummen des ersten Akkordes ... Das ist weitverbreiteter Chorstandard.
Geht es unaufwendiger und unauffälliger? Kann der Chor seine Anfangstöne auch von *einem* Ton (hier am besten der Grundton) finden? Dieser Ton könnte auch aus dem Chor, dezent von einer Stimmpfeife kommen

(Eine Stimmpfeife ist eh besser als ein gesungener Ton, der Gefahr läuft zu wackeln und nicht ganz eindeutig zu sein). Oder wie z. B. beim Jazzchor Freiburg ganz leise und dezent von einem kleinen Keyboard versteckt hinter dem Chor auf der Bühne.

Die Stimmpfeife

Es gibt chromatische Stimmpfeifen zur Tonangabe. Je nach Blasstärke lässt sich die Lautstärke variieren (Aufgepasst: bei den billigen variiert dann auch die Tonhöhe!). Der Ton ist klar und gut abnehmbar. Kein Vibrato, kein Anschleifen.
Mit den Disharmonists haben wir eine sehr eigene A-cappella-Version von *Peter und der Wolf* gesungen. Elmar, Tenor, gab in den kurzen Chorpausen, in denen der Sprecher vorne an der Bühnenrampe seinen Text hatte, jeweils den neuen Ton. Das bekam das Publikum nicht mit, da es ganz dezent und leise passierte. Und dadurch, dass wir nicht für jeden Einsatz neu ansingen mussten, klappten die Anschlüsse wunderbar fix, und das ganze Stück hatte eine gute Dynamik. Keine Löcher.
Das Tonfinden und Nach-der-Pfeife-Singen gehörte selbstverständlich zu jeder Probe.

Tonartenfolge

Beim Festlegen der Konzertreihenfolge sollte man immer auch die Tonarten im Auge behalten! Fünf mal G-Dur, das wird langweilig. Und singt der Chor z. B. mehrere Stücke in *Eb*-Dur und danach ein Arrangement in E könnte es schwer werden mit der Intonation. Das nahe, tiefe *Eb*-Dur wird vielleicht noch in den Hirnwindungen festsitzen?

Präsenz

meint im Allgemeinen die Ausstrahlungskraft einer Person. Natürlich soll der Chor eine gute Bühnenpräsenz haben. Das geht nur mit geistiger und körperlicher Wachheit, damit verbunden einer guten Körperhaltung, guter eigener Wahrnehmung und: **wachen Augen**! Es lohnt, mit den Sängern darüber zu sprechen.
Doch aufgepasst: Zwischen Spannung, gesunder *An*spannung und destruktiver *Ver*spannung ist ein großer Unterschied. Eine gute Präsenz ist immer eine Kombi-

JULIAN KNÖRZER

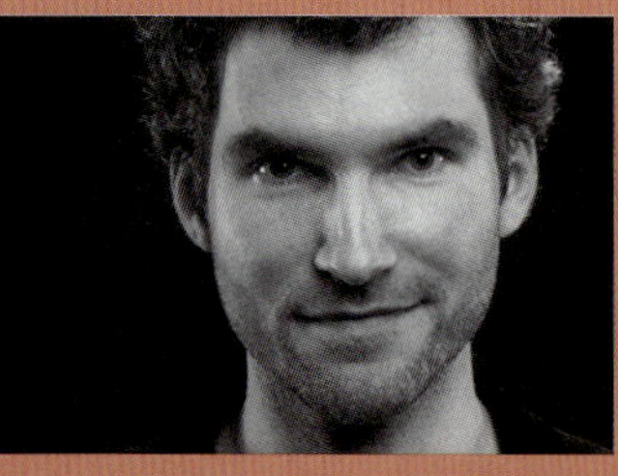

kommt aus Freiburg und ist als Beatboxer, Sänger, Chorleiter und Arrangeur in der deutschen Vokalszene aktiv und international als Dozent tätig. Durch die Arbeit mit dem Jazzchor Freiburg und der Vocal Band **Unduzo** spezialisierte er sich als Beatboxer auf das Begleiten von A-cappella-Ensembles. 2015 veröffentlichte er das Lehrbuch *Beatbox Your Choir – Chöre und Vocal Groups perfekt begleiten* (Schott). Julian studierte Schulmusik an der Hochschule für Musik Freiburg und Gesang an der Jazzschule Basel. An der Musikhochschule Freiburg unterrichtet er seit 2011 Beatboxing und seit 2016 Jazzgesang. Als Beatbox-Produzent arbeitete er an CD-Produktionen der Gruppen Maybebop und High Five. Mit den Bands **Acoustic Instinct** und **Unduzo** erhielt er zahlreiche Preise.

Das sage ich meinem Chor kurz vor dem Auftritt ... die letzten Worte vor dem Einsatz:

Gelegentlich: „Ledipepepomens?“ (ein Insider) ansonsten: „Jetzt einfach laufen lassen und Spaß haben!“

Daran denke ich beim Schlussakkord eines Stückes:

Kommt ganz drauf an, wie es lief ... :)

Welche A-cappella-Aufnahmen sollte man unbedingt gehört haben:

Ach, es gibt doch so viele ... aber z. B.: Cadence, *Sitting In The Cellar, Fifty Ways to Leave Your Lover*; The Real Group, *Pass Me The Jazz*; Pentatonix, *Daft Punk Medley*; Slixs, *Quer Bach;*

Ein sachdienlicher Tipp bei rhythmischen Herausforderungen im Chor:

Vom Kleinen ins Große langsam vorarbeiten, gerne auch durch körperliche Übungen/Vor- und Nachsingen etc.:

- Ist die Rhythmisierung (binär/ternär) und der Musikstil jedem Sänger bewusst?
- Ist der gleichmäßige Puls bei jedem verankert?
- Pure Subdivisions in jeweiligem Stil und Rhythmisierung üben.
- Den geschriebenen Rhythmus auf das Raster setzen.
- Phrasen bilden.
- Größere Bögen spannen.

... und einer zur Intonation

- Atmung/Stütze überprüfen.
- Kennen alle den Notentext gut genug?
- Haben alle die gleiche Vokalfärbung/Aussprache?
- Wer hat in einem Akkord die Stütztöne und wer die Farbkleckse?

Was bedeutet Groove für dich?

Ganz furchtbar trocken, frei nach Jürgen Terhag: Groove ist das möglichst perfekte (vor allem: rhythmisch-metrische) Ineinandergreifen von Einzelstimmen sowie die rhythmisch stilgetreue Wiedergabe der Musik.

Meine liebste Einsingübung:

Folgende Tonleiterstufenabfolge auf verschiedenen Silben: 1 5 6 5 4 3 2 1. Erst unisono und dann gerne auch im Kanon; Einsatz der Folgestimmen nach der ersten 5.

Das macht für mich einen guten Chor aus:

- Wenn er sich nicht unter- oder überschätzt.
- Music first, dann Staging und Choreografie.
- Wenn der Chor sich stets weiterentwickeln möchte und jeder Sänger dazu beiträgt.

Das macht für mich ein gutes Chorkonzert aus:

Dynamische und klangliche Vielfalt. Spannende, neue Arrangements. Gute Energie, die von der Bühne zum Publikum strahlt.

Das möchte ich singen:

I've Got a Dog and My Dog's Name Is Cat

Diese drei CDs nehme ich mit auf die einsame Insel:

Laura Mvula, *Sing to the Moon*;
Tower of Power, *Soul Vaccination* (aus dem Album *Tower of Power Live*);
Peter Gabriel, *New Blood;*

nation von großer Wachheit, Haltung und gleichzeitiger Entspanntheit.

Souverän!

Souveränität bezeichnet im Allgemeinen ein selbstsicheres Auftreten. Auch das wünschen wir unseren Choristen auf der Bühne. Es gelingt, wenn der Vortrag gut geprobt ist und sicher sitzt, keine oder wenige „Angststellen" und Unsicherheiten im Wege stehen. Aber souverän wirkt eben auch jemand, der Mut zum Scheitern hat und loslassen kann! Wie geht der Chor bei Konzerten mit Fehlern um? Locker? Es lohnt, auch darüber in der Probe zu sprechen.

Kommunikationsebenen

Der Dirigent kommuniziert mit den Sängern, die wiederum mit dem Publikum, und natürlich gibt es (hoffentlich) auch eine Kommunikationsebene zwischen allen Sängern untereinander. Nehmen sich alle Sänger gegenseitig wahr? Und spürt und sieht man das als Zuschauer?

Solistensupport

Wie wäre es, wenn der Chor bei einer Solostelle sich geschlossen als Unterstützung für den Solisten, die Frontsängerin sieht und empfindet und auch so singt? Vielleicht sogar den Solisten anguckt? Das kann eine große dramaturgische Wirkung haben. Ausprobieren!

Der Fehler nach der schweren Stelle

Das ist ein oft beweintes Phänomen: Im Konzert naht eine schwere Stelle, die der Chor bisher selten richtig hinbekommen hat. Und dann geschieht das Wunder: es klappt alles perfekt!
Und dann folgt ein völlig unerwarteter Fehler, direkt danach, bei einer doch eigentlich todsicheren Passage.
Aufpassen bei den scheinbar leichten und gut studierten Stellen und Stücken. Zu große Selbstsicherheit macht unaufmerksam.

Overacting

Oft gibt es ein, zwei Sänger, die das Gestalten und Präsentieren körperlich und gestisch übertreiben. Auch die Gesichtsausdrücke der Choristen sollten nicht in ein unnatürliches, überzogenes Grimassieren abgleiten. Es

soll immer ehrlich gemeint und natürlich aussehen und wirken.
Die Sänger merken oft selber nicht, wenn es zu viel ist. Es braucht ein Korrektiv, z. B. die Chorleitung, die von „draußen" draufschaut. Keiner soll aus der Reihe fallen und so den Fokus der Zuschauer ausschließlich auf sich ziehen.

Das richtige Tempo finden

Beim Konzert auf der Bühne kann ich als Dirigent leider vor dem Einsatz kein objektives Metronom befragen, es sähe seltsam aus. Ich muss mich auf mein Bauchgefühl verlassen. Das richtige Tempo merke ich mir mit einer bestimmten Stelle des Songs. Das ist meistens *nicht* der Anfang! Bei den Proben finde ich nach einer Weile den Abschnitt, bei dem ich mir gut das Tempo merken kann: Der Chorus, ein bestimmter Lauf, eine Bassfigur ...

Staging

Noch solch ein inflationärer Begriff! Aber Popmusik lebt eben zu großen Teilen von der Präsentation. Wie steht der Chor da, auf der Bühne, der *Stage*? Welche innere Haltung strahlt er aus? Wie und wann bewegt er sich? Gibt es eine Choreografie?
Dieses Thema allein könnte diverse Bücher füllen und wird doch oft im Popchor so sehr unterschätzt. Auch hierbei ist eine nachträgliche Videoanalyse hilfreich, oder vielleicht gibt es einen befreundeten Theater-Regisseur, der „mal drüber schaut" und Tipps gibt.

Raus aus der Komfortzone!

Der Chor als Gruppe bietet jedem Sänger eine verführerische Sicherheit. Denn gleichzeitig besteht die Gefahr, dass man sich versteckt. Die Komfortzone ist der populärwissenschaftliche Begriff für den Bereich, den man kennt, wo man sich wohlfühlt. Er endet dort, wo Überwindung und Anstrengung beginnen, wo es unangenehm wird. Es lohnt, mit dem Chor über dieses Phänomen im Sinne der Bühnenpräsenz zu reden und zu versuchen, die jeweils individuelle Grenze auszumachen. Wenn jeder in der Gruppe bereit ist, beim Konzert bewusst einen Schritt weiterzugehen und diese Grenze zu überschreiten, wird der Chor enorm an Ausstrahlung gewinnen. Der Schritt selber muss gar nicht gegangen werden. Das Publikum merkt jedoch unbewusst, ob die Bereitschaft dafür da ist. Und das schafft Bühnenpräsenz.

Die Antennen ...

Unlängst sagte Franzi, eine meiner Sopranistinnen den schönen Satz: „Neulich im Konzert waren alle unsere Antennen so weit offen!".
Besser kann man es gar nicht formulieren! Eine perfekte Definition für einen wachen, präsenten und aufmerksamen Chor und die beste Voraussetzung für ein Konzert.

Versteht man alles?

Jeder kennt diese Situation von Hochzeiten oder Familienfeiern, wenn eine kleine Gruppe ein selbstgetextetes Lied vorträgt und singt und man die Worte schwer bis gar nicht versteht. Das stresst mich als Zuhörer! Ich würde doch so gerne alles mitbekommen, die Pointen, die Geschichte, die Reime, den Inhalt.
Besonders deutsche Chortexte sollten so deutlich artikuliert werden, dass es auch in der letzten Reihe des Saales verständlich ist. Fokus auf die Konsonanten!

INSZENIERUNG

Konzert oder Show?

Wie ist der Auftritt, der Abend gedacht? Als bloße, scheinbar zufällige Aneinanderreihung von Liedern? So wie der Musikabend in der Schulaula kurz vor Weihnachten? Oder kann man alles mehr zu einem großen Ganzen zusammenführen? Mit einem Motto, einer Moderation, einem roten Faden, Inszenierungsideen und Choreo, speziellem Bühnenaufbau, unchorischen Einlagen, spektakulärem Licht ...?

Eine zweite dramaturgische Ebene

Es gibt Stücke, denen aus musikdramaturgischer Sicht irgendwann, irgendwie die Puste ausgeht – ganz egal wie schön gesungen. Die x-te Wiederholung eines Strophenliedes, der x-te Refrain ...

Ein Beispiel: Bei den Disharmonists hatten wir viel Spaß mit dem Titel *Carbonara* von Spliff. Aber das ewige Repetieren des Nudelgericht-Namens ermüdete irgendwie. Einen Part weglassen oder kürzen ging nicht, dafür ist die Form zu bekannt. Die Lösung war eine zusätzliche, zweite Ebene: Der Song wurde ausgestoppt und die zeitliche Mitte im Arrangement ausgemacht. Der Chor deckte nun in der ersten Halbzeit nach und nach einen Tisch auf der Vorderbühne, mit Tischtuch, Teller, Serviette, Besteck, Glas, Amaretto, angemachter Kerze ... bis hin zu den Nudeln! Ab der Mitte wurde wieder abgeräumt.
Kleiner Aufwand, großer Effekt! Die Zuschauer hatten was zu gucken und die vielen Wiederholungen wirkten nicht mehr langweilig.

Nebelmaschine?

Eine alte Theaterweisheit sagt: Wenn der Regisseur nicht weiter weiß, nimmt er Trockeneis!
Lieber einen Hazer! Darin sieht man die *beams*, die Lichtstrahlen der Scheinwerfer. Magic! It's Showbusiness!

Licht

Allein mit gutem Licht lässt sich eine große Show machen! Doch nicht jeder Chor hat die technischen Voraussetzungen zur Verfügung. Dennoch lohnen bei einer Konzertvorbereitung Gedanken zu diesem Thema! Stehen alle Sänger gut im Licht? Bildet die Bühne einen hellen, optischen Anziehungspunkt. Sind Solisten gut ausgeleuchtet? Steht niemand im Schatten?
Und gibt es zudem ausgefallene Ideen für ausgefallene Lichteffekte? Taschenlampen (siehe Pentatonix bei der *Bohemian Rhapsody*), Wunderkerzen, Feuerzeuge, Leuchtketten ...

Choreo

Gibt es im Chor jemanden, der sich einfache aber wirkungsvolle, passende Choreografien ausdenken und den anderen beibringen kann? Oder lädt man jemand Externen ein, einen Profi? Aber lieber nicht zu viel tanzen! Weniger und dezent wirkt oft viel mehr.
Beim Einstudieren von Schritten und Bewegungen leidet zunächst oft die rein musikalische Ebene. Aber keine

KLAUS GRAMSS

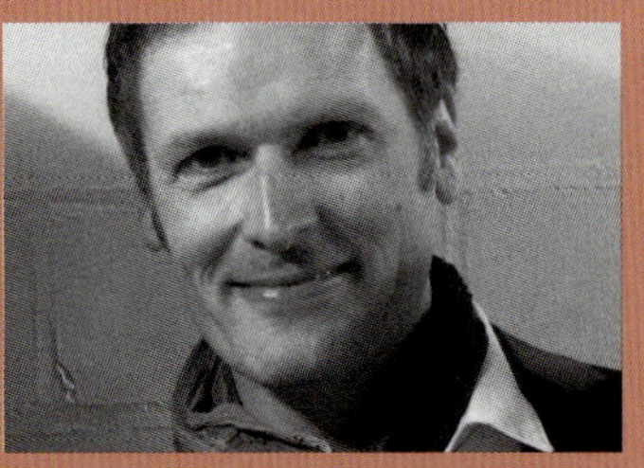

studierte Schulmusik, Jazz und Komposition an der Musikhochschule Würzburg und ist Leiter des Jazzchores **Singin Off Beats** aus Nürnberg, die stets mit einer Band zusammen arbeiten. Er ist Stipendiat des Deutschen Musikrates und unterrichtet sowohl im gymnasialen Schuldienst als auch an Hochschulen und ist darüber hinaus in der Lehrerfortbildung tätig (Boomwhackers, Chorleitung). Die Singin Off Beats belegten beim Deutschen Chorwettbewerb in Dortmund (2010) und in Weimar (2014) jeweils den ersten Platz und erhielten den Eschenbach-Kulturförderpreis. Klaus ist Arrangeur im Bereich Jazzchor, Musical und Chanson und hat einige Alben veröffentlicht.

Das sage ich meinem Chor kurz vor dem Auftritt ... die letzten Worte vor dem Einsatz:

„Lasst uns die Leute da draußen verzaubern, lasst uns die Bühne rocken ..." Aber viel schöner als Worte ist die gesamte Chorumarmung vor einem Konzert, wenn man nochmals zusammen inne hält.

Daran denke ich beim Schlussakkord eines Stückes:

Der letzte Klang, der hoffentlich lange in mir klingt, hat uns alle – Publikum, Sänger, Chorleiter – jetzt umschlossen. Schön. Diese Sekunden will ich genießen. Dann denke ich an meine Sänger, die gerade genauso fühlen wie ich und wenn es besonders schön war, habe ich oft das Gefühl, dass ich mich eigentlich bei allen bedanken möchte ... Irgendwann ist das vorbei, und ich schau wieder auf diesen Zettel, was als Nächstes auf dem Programm steht. ;-) – Neue Konzentration.

Welche A-cappella-Aufnahmen sollte man unbedingt gehört haben:

Da fallen mir spontan ein:
Take 6 mit Stevie Wonder,
O Thou That Tellest Good Tiding aus Händels *Messiah*;
Berliner Solistenchor (Christian Steyer), *Das Weihnachtsprogramm;* und Slixx, *Quer Bach*;

Ein sachdienlicher Tipp bei rhythmischen Herausforderungen im Chor:

Nach hinten denken. Hetze ist der Killer eines jeden Grooves und: „Spürt den Puls, indem ihr euch dazu bewegt!"

... und einer zur Intonation:

Hört euch zu und singt mit innerer Spannung!

Was bedeutet Groove für dich?

Groove entsteht dann, wenn der verinnerlichte Rhythmus plötzlich nach vorne schiebt, eine treibende Kraft freisetzt – und wir eigentlich nur noch tanzen könnten ;-). Der nackte Rhythmus, die Off-Beats, die Achtel, Sechzehntel – an sich schieben sie noch nicht, erst wenn sie relaxt auf den „Groove-Zug" gesetzt werden. Dann hebt der Zug auch ab. Eigentlich ist er so etwas wie die Balance von nach hinten gedachter Rhythmik und nach vorne treibender Kraft. Hört bei besagter Take 6-Aufnahme (siehe oben) das Ende an, achtet auf das späte Schnippen und genießt Groove in Vollendung!

Meine liebste Einsingübung:

Das ändert sich ständig – hoffentlich. Am liebsten mache ich rhythmische Übungen, in denen Höhe, Tiefe, Mehrstimmigkeit, Stimmklang etc. mit eingebaut sind (kurze, mehrstimmige Phrasen mit Bewegung).

Das macht für mich einen guten Chor aus:

Der gute Chor singt nicht nur wie *ein* Instrument, im guten Chor atmen alle auch „die gleiche Luft", fühlen die gleiche Musik, fühlen sich persönlich auch verbunden.

Das möchte ich singen:

Anspruchsvolle groovige Arrangements interessieren mich besonders, gerade in Verbindung mit Band. Und wenn diese Instrumentalisten nicht nur als Begleiter „abgestellt werden", sondern mit dem Chor im Arrangement, im Klang verzahnt sind, dann ist das schon für mich eine umwerfende Musik.

Diese drei CDs nehme ich mit auf die einsame Insel:

Nur drei? Dann will ich mich auf dieser Insel alleine nur mit solcher Musik bewegen: *9. Sinfonie* von Beethoven (die Aufnahme mit Paavo Järvi oder Barenboim) – ein für mich wirklich grandioses Werk, das ich in meiner Jugend häufig singen durfte. Dann die Scheibe von Egberto Gismonti, *Solo* (da muss ich aufpassen, dass ich meine Schallplatte heile auf die Insel bringe, denn die gibt's leider nicht mehr) und J. S. Bach, *Das wohltemperierte Klavier* (aber dann nehme ich Band 1 *und* 2 mit ;-))

Sorge: Es kommt alles wieder und dann meistens viel sicherer und grooviger. Generell gilt: Etwas Bewegung hilft immer! Und der Chor sieht viel besser aus.

Die Choreo geht nicht!

Choristen sind keine Tänzer. Für viele Sänger könnten selbst einfache Bewegungen ewig eine Herausforderung bleiben, und der Auftritt behält stets einen unfreiwillig komischen, unbeholfenen *Look*!? Falls der Gesang durch die Choreografie im Konzert leidet, dann die Bewegungen lieber weglassen oder vereinfachen.
Die King's Singers stehen bei ihren Konzerten fast unbewegt, englisch-aristokratisch. Ein gemeinsames kleines Wippen in den Knien an einer bestimmten Stelle oder das kurze Hochrecken auf die Zehenspitzen bekommt dadurch plötzlich eine immense Show-Wirkung und das Publikum rast. Manchmal ist weniger auch mehr!

Bühnenkleidung

Die Frage nach der Chorkleidung ist oft ein neuralgischer Punkt. Viele verschiedene Meinungen, Sorgen und Wünsche. Egal was, Hauptsache einheitlich? Es funktioniert auch ein gemeinsamer Farbton (z. B. untenrum alle rot, oder alle weiß!) oder eine kollektive Farbidee (z. B. hellblau – im weitesten Sinne); Ansonsten individuell – auch das kann sehr zeitgemäß aussehen. Für mich überholt sind rote Hosenträger, bunte Tücher und Fliegen! Aber das ist natürlich Geschmackssache.
Zusätzlich zum Adrenalin wirkt die Hitze des Scheinwerferlichts schnell schweißtreibend. Wie sieht die Chorkluft durchgeschwitzt aus? Und wie wirken die Farben im grellen Bühnenlicht?
Meine Sänger tragen auf einheitlichen schwarzen Polohemden bzw. Shirts jeweils einen großen weißen Buchstaben. In regulärer Choraufstellung ergibt sich der Name des Chores: THE HAPPY und vordere Reihe: DISHARMONISTS. Inklusive Leerzeichen.
Riesenvorteil: Es kann keiner fehlen! Alle sind unersetzbar. Und: wir können bei jedem Stück vorne in der ersten Reihe ein anderes, passendes Wort stellen. Chor-Scrabble! *Ich kaufe ein U.*

Overdressed?

Mir ist eine dezente, simple Bühnenkleidung lieber als ein Popchor in Glitzerfummel, hochhakigen Schuhchen und Pailletten-besetzt. *Zu* chic ist wie *zu viel* Parfum. Lieber lässig, aber mit Stil gekleidet und sehr chic singen. Das Outfit muss zum Programm und zum Konzept des Konzertes passen.

Für wen singen wir eigentlich?

Nochmals ein Abstecher in die Welt des Theaters: Konstantin Stanislawski (1863–1938) war ein russischer Regisseur und visionärer Theaterreformer. Ihm ging es darum, dass die Schauspieler auf der Bühne ihre Rollen wirklich *meinen* und überzeugend darstellen. Seine Ideen, Überlegungen und Probehilfen zu den verschiedenen Wirkungsreichweiten lassen sich wunderbar auf die Chorarbeit übertragen: Für Stanislawski gab es drei *Kreise*:

1. Der erste, engste *Kreis* entspricht dem Lichtschein einer Lampe auf dem Tisch.
2. Der zweite *Kreis* entspricht dem Lichtschein einer Deckenlampe.
3. Der dritte *Kreis* erstreckt sich so weit, wie man sehen kann (in einem Konzert- oder Theatersaal also bis zu den begrenzenden Wänden des Raumes).

Überträgt man diese Idee auf den Chor, könnte man mit seinen Sängerinnen und Sängern besprechen und festlegen, mit welcher Haltung und Einstellung ein Stück oder eine bestimmte Passage gesungen wird:

1. nur für mich selbst, quasi als innerer Monolog, ohne die anderen, den Dirigenten oder gar das Publikum wahrzunehmen,
2. im Kontakt und Austausch mit den anderen Choristen auf der Bühne. Wir nehmen uns gegenseitig erkennbar wahr und kommunizieren miteinander. Das Publikum befindet sich aber weiterhin außerhalb des *Kreises*, oder
3. wir singen bis an die Grenzen des Saales oder der Welt draußen – soweit wir den Raum wahrnehmen und erfassen können. Das Publikum ist „im *Kreis*" und wird angesungen. Es findet eine direkte Kommunikation von der Bühne ins Auditorium statt.

Singen alle mit der gleichen inneren Idee, kann das eine enorme Wirkung erzielen. Gerade auch wenn diese Kreise dann, an einer bestimmten Stelle, erkennbar erweitert werden und die nächste oder übernächste Ebene geöffnet wird.

Happy Birthday in vier Haltungen ...

Marc Secara übt die Idee von Stanislawski indem er seine Choristen z. B. das bekannte Geburtstagslied in vier verschiedenen „Aufmerksamkeits-Modi" bzw. „Atmosphären" singen lässt:
Beim Singen reicht meine Aufmerksamkeit ...
1. *bis zu meiner Haut,*
2. *so weit meine Arme reichen,*
3. *bis an die Wände des Raumes in dem ich mich befinde,*
4. *durch alle Wände und bis zum Ende des Universums.*

Und dann soll ein Teil des Chores sich absprechen und vortragen und der andere erkennen, in welcher Haltung er gerade singt.

Rolle des Dirigenten

Wir Chorleiter sind rein optisch bei Popchorkonzerten ein Störfaktor! Wünschenswert wäre der freie Blick auf den Chor. Doch zum Glück sind wir doch unersetzlich: Einsätze, Spannung halten, erinnern an Akzente o. Ä., den Laden zusammenhalten, gemeinsame Absprachen, singt jemand zu laut und merkt es nicht? Es beruhigt die Sänger, wenn sie den Chorleiter in der Nähe wissen. Der Motivator!
Bastian Holze geht bei seinen Chören nach dem Einsatz als Chorleiter oft beatboxend an die Seite. Perfekt! Andere Kollegen stehen unten, eine Etage tiefer, wenn es die Bühne und die Räumlichkeiten möglich machen – auch gerne nicht extra ausgeleuchtet.
Wünschenswert wäre, dass der Dirigent nicht den Fokus des Publikums vom Chor auf sich zieht!

Der rote Faden

Gibt es eine Idee, die aufeinanderfolgende Songs verbindet? Stehen die Konzertstücke in irgendeiner Form im Zusammenhang? Oder bleibt es beliebig? Haben die Moderationen einen „roten Faden"? Gibt es einen *running gag*?

Das Wunschkonzert – als Rote-Faden-Idee

Mit meinem Chor habe ich ein Konzertprogramm offiziell als „Wunschkonzert" betitelt, inklusive einer Aufforderung an die Fans und Zuhörer bitte vorab Repertoiretitel zu schicken, die erklingen mögen.
Das war natürlich inszeniert und legitimierte uns alles Mögliche, auch alte Sachen (nochmals) zu singen, wir *fakten* einfach einen angeblichen Hörerwunsch. Vorne stand eine Glasschale mit allen „eingereichten" Wünschen. Jeweils ein Zettel wurde vorgelesen und dann erklang das Stück.

- „Britta B. aus F. an der L. wünscht sich (für sich und ihren Goldfisch) ..."
- „Lieber Chor, ihr habt dieses eine Stück ... so oft gesungen, ich wünsche mir, dass ihr das nie wieder singt!" – Antwort vom Moderator: „Na das erfüllen wir gern, singen dafür jetzt aber eine Neufassung ..."
- „Ich wünsche mir den Titel xxx!" las ein Sprecher vor, guckte dabei mich als Chorleiter an und raunte: „Hör mal, das ist doch deine Schrift, oder?" ...

Wir ersannen viele verrückte, unerwartete, humorige Wünsche und diese Zettel bildeten den roten Faden für das ganze Konzert. Jeder Titel war motiviert.

Flashback

Noch eine Idee für einen roten Konzertfaden: eine Liste mit lauter Schlüsselreiz-besetzten Songs und Liedern. Jeder Chorist verrät etwas von sich und was bei ihm solch einen Flashback auslöst. Daraus entsteht ein sehr persönliches, sicherlich reizvolles Programm; ganz im Sinne des *Madeleine*-Törtchens aus der berühmten Passage von Marcel Prousts Roman als „ein unerhörtes Glücksgefühl!" In *Time After Time* wird der Flashbackmoment sogar besungen.

A-cappella-müde?

Was sich hier in den letzten Jahren mit sängerischer Begeisterung explosionsartig entwickelte, droht nun inflationär hie und da wegen des Überangebots an Reiz zu verlieren. Viele Popchöre haben neben dem Männerstimmenmangel nun auch noch Probleme, ihre Konzerte mit Zuhörern zu füllen. Ist der Drops bald gelutscht? Singen macht glücklich! Ein Ende des Chor-Booms ist

LUKAS TESKE

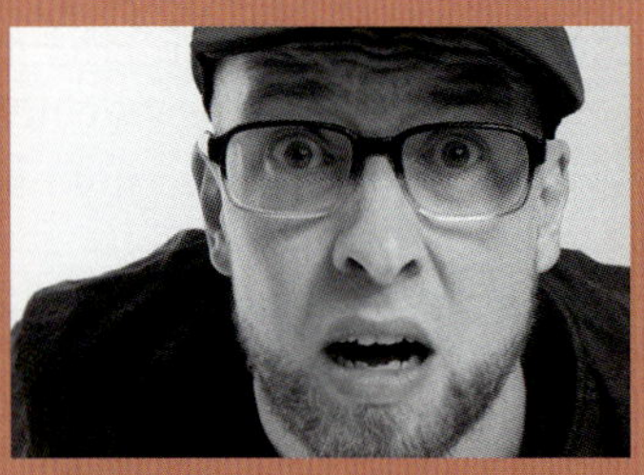

ist als Dozent für Beatbox-Workshops und Musikproduzent (High-Five, Anders, DeltaQ, muSix, zwo-3wir, Unduzo, Maybebop), aber vor allem seit 2002 mit der A-cappella-Band **Maybebop** unterwegs. Seit 2012 organisiert er gemeinsam mit Felix Powroslo das Berliner Vokalfestival **BERvokal,** bei dem das Singen und die Stimme im Allgemeinen, sechs Ensembles im Speziellen gefördert und Konzerte veranstaltet werden.
Lukas wurde 1980 in Halle an der Saale geboren, wuchs in Berlin auf und ging dort auf das musikalisch orientierte Georg-Friedrich-Händel-Gymnasium. Im Alter von 8 Jahren begann er mit dem Singen, kam aber erst durch seine Unfähigkeit im Schulorchester mit der Klarinette zu überzeugen zur Chormusik. Es folgten viele A-cappella-Formationen und bis 2007 ein Jazzgesangs- und Gesangspädagogenstudium an der Hochschule für Musik „Hanns Eisler“ in Berlin. Seit der Schulzeit sang er in einer Vielzahl von Chören und Vokalensembles, u. a. im Bundesjazzorchester (BuJazzO) und der A-cappella Band muSix.

Das sage ich meinem Chor kurz vor dem Auftritt ... die letzten Worte vor dem Einsatz:
„Wer verkackt, bekommt gescheuert (mit Augenzwinkern)!“

Daran denke ich beim Schlussakkord eines Stückes:
Wenn dieser eine Fermate hat, denke ich an Sonnenstrahlen, die auf See durch die Wolkendecke brechen. Kurz darauf an Bier.

Welche A-cappella-Aufnahmen sollte man unbedingt gehört haben:
Cadence, *Sittin' in the Cellar*
Pentatonix, *Aha!*
Otto Waalkes, *Wackadack*

Ein sachdienlicher Tipp bei rhythmischen Herausforderungen im Chor:
Stay calm, keep it slow. Dance!

... und einer zur Intonation:
Was ist schon ein Halbton unter Freunden.

Was bedeutet Groove für dich?
Wenn ich meinen kleinen Zeh nicht am Mitwippen hindern kann.

Meine liebste Einsingübung:
Quinten schleifen auf *ng*.

Das macht für mich einen guten Chor aus:
Groovy sein ohne Dirigenten.

Das macht für mich ein gutes Chorkonzert aus:
Wenn ich keine Angst haben muss, dass etwas schief geht, ich mich von der Stuhlkante lösen und mich nach hinten anlehnen kann. Das Gefühl habe, dass der Chor über der Musik steht und die dadurch entstehenden Freiräume natürlich mit Kreativität füllt.

Das möchte ich singen:
Musik, die gleichermaßen Kopf und Herz berührt. Egal in welchem Genre oder welcher Sprache.

Diese drei CDs nehme ich mit auf die einsame Insel:
The Beatles, *1967–1970;*
Sting, *Nothing Like the Sun;*
Reinhard Lakomy, *Der Traumzauberbaum;*

nicht abzusehen. Aber eben weil es mittlerweile so viele derartige Angebote gibt, besteht die Gefahr, dass es das Besondere, das Einzigartige verlieren könnte. Vorsicht ist geboten! Die Lösung kann nur sein, stetig auf der Suche nach Neuem und Überraschendem zu bleiben.

Kill your darlings

Auf die Bühne gehören nur die Stücke, die wirklich gut und sicher gehen! Auch hier ist weniger mehr! Lieber fünf Titel richtig gut als 15 so lala ...
In der Theatersprache nennt man dieses Loslassen von geliebten Songs und das Kürzen von zu langen Passagen: *Kill your darlings*. Eben weil es oft so schwer fällt ...
„Ach das Lied ist doch soooo schön, ja – der Mittelteil, den können wir noch nicht richtig, aber der tolle Anfang ..."
Nö, lieber weglassen und bis zum nächsten Konzert richtig üben und *können*, auch den Mittelteil!

Coversongs, besser als das Original?!

Das wäre auch ein spannendes Motto für ein Chorkonzert: Eine Sammlung von Songs, deren Coverversionen erfolgreicher als das Original waren. Z. B. Joe Cockers Fassung von dem Beatles-Song *With a Little Help from My Friends*, Guns 'n' Roses' Version von *Knockin' on Heaven's Door* (im Original von Bob Dylon), *Tainted Love, Nothing Compares 2 U*, Amy Winehouse' *Valerie* ...
Und die rein vokalen Chorarrangements sind ja auch nochmal obendrauf Coverversionen!
Übrigens ist einer der bahnbrechenden A-cappella-Hits solch ein Fall: *Only You* von den Flying Pickets war als Coverversion viel erfolgreicher als das Original von Yazoo.

Performance-training

Spätestens seit den Castingshows im Fernsehen gehört die Reflektion über die *Performance* zum Sprachgebrauch vieler Sänger. Wie wirke ich, wie stehe ich da, wie gucke ich, wie „verkaufe" ich von der Bühne?
Popchöre tun gut, sich auch darum viele Gedanken zu machen. Als Chorleiter sollte man für diese gestalterischen Proben genug Zeit einplanen!

Aufstellung

Steht der Chor im Konzert immer gleich auf der Bühne? Oder wechseln sich verschiedene Aufstellungen ab? Dürfen die Männer auch mal nach vorne? Steht der Chor um einen Solisten herum anders als bei einem Tutti-Song?
Für den Zuschauer sind solche Abwechslungen spannend, und jeder Einzelne bekommt mehr Aufmerksamkeit.

Guckst du!

Der Gesichtsausdruck der Sänger sollte dem gesungenen Textinhalt entsprechen. Das übt man vielleicht mal individuell vor dem Spiegel.

DAS DIRIGAT

Eins, zwei, drei, vier ...

Im Gegensatz zu einem klassischen Orchester muss man beim Chor kein durchgehendes Normschlagbild „pinseln".
Viel sinnvoller ist es, Phrasierungen, Gestaltungen, Bögen, Betonungen, Feeling und Dynamik zu zeigen und zu erinnern. Einsätze, der Schluss, Ritardandi, Fermaten ... Es gibt genug zu tun. Aber ein schulmeisterliches Schlagbild wirkt, völlig abgekoppelt vom Chor, wie *Thema verfehlt*! Und wenn es doch sein muss oder soll, dann bitte klein, nur mit einer Hand und mit der anderen wird gestaltet.

Ein Flugzeug in den Hangar winken?

Manche Chordirigenten kompensieren ihre Angst, der Chor könnte nicht richtig einsetzen bzw. nicht mit genug Energie singen, in überdimensionalen Bewegungen. Das sieht nicht nur doof aus, das zieht auch den ganzen Fokus des Publikums vom Chor auf das Gefuchtel der Leitung vorne.

Wie klein und unaufdringlich kann ich dirigieren? Und wie stark wirken dann Momente, in denen ich eine etwas größere Bewegung mache, z. B. für einen Akzent, ein Crescendo? Ausprobieren!

Der Chor singt immer so ...

... wie vorne dirigiert wird!

Impuls

Das ist im Grunde eine Selbstverständlichkeit, wenn *das* nicht klappt ...
Aber: ich sehe immer wieder Chorleiter, die genau das nicht wirklich gut können! Einen präzisen Einsatz geben. Daher nochmals zur Erinnerung: Der Impuls passiert auf der Zählzeit *vor* dem eigentlichen Einsatz! In den Händen, Fingern, den Augenbrauen, den Knien (nicht so gut), mit dem eigenen Einatmen ...
Ähnlich dem Jo-jo-Spielen soll aus der Bewegung des Impulses die nächste Zählzeit, der Einsatz, erkennbar sein. Er definiert damit auch das Tempo des Stückes.
Eine gute Übung für den Chorleiter: Der Chor möge gemeinsam *ta* sagen. Klappert das *t*, klappert der Einsatz? Dann war der Impuls nicht eindeutig gezeigt!

TECHNIK

Proben aufnehmen!

Mit einem portablen Aufnahmegerät (z. B. ZOOM) lassen sich ohne komplizierte Aufbauarbeiten von Mikros und Technik qualitativ hochwertige Probenmitschnitte machen. Ein Nachhören der eigenen Probenarbeit ist wertvoll: In Ruhe und mit genügend Abstand kann ich kontrollieren, ob ich in der Probensituation wirklich alles gehört habe, wie hoch mein Redeanteil ist, ob ich gut erkläre und ob meine Probenarbeit motivierend rüberkommt.

Wie sieht das aus?

Wie der Chor auf der Bühne steht, sich bewegt und präsentiert (oder eben auch nicht) und dadurch auf das Publikum wirkt, kann und sollte man ihm einfach zeigen! Die so gewonnene Selbsterkenntnis für die Sänger ist vielfach effektiver als 1001 Ansagen vom Leiter. Konzerte (und auch Proben) regelmäßig filmen! Das muss keine aufwendige Hollywood-Technologie sein – zur chorinternen Selbstkontrolle und -kritik reicht eine einfache Kamera oder das Smartphone.

Durchläufe der Songs aufnehmen!

Werden z. B. am Ende der Probe die geprobten Stücke einmal ohne Unterbrechung durchgesungen und dabei mitgeschnitten, dienen diese Aufnahmen als MP3s ohne großen Arbeitsaufwand im Chor-Mail-Verteiler den Sängern als motivierende Erinnerung und als Übematerial.

Übetracks aufheben!

Gibt es einen chorinternen Server, eine Chor-Dropbox oder eine Chor-Cloud o. Ä.? Dort können alle aufgenommenen Mitschnitte archiviert werden und sind jederzeit für alle Sänger verfügbar.

Mikros?

Viele Popchöre singen inzwischen verstärkt. Weil Popmusik immer auch etwas *Wums* haben soll und weil a cappella, egal wie gut gestützt und gesungen, eben doch ein oft fragiles, zartes, leichtluftiges Pflänzchen bleibt.
Den Chor als Gesamtklang zu verstärken ist die einfachste und sicherste Methode. Das geht gut mit Grenzflächenmikros, die auf dem Boden vor dem Chor liegen (Vorteil: kein Sichtschutz durch Stative) oder mehrere Kondensatormikros, die im gleichen Abstand zu bzw. vor den Sängern stehen.
Wer mehr will, verstärkt den bzw. die Bässe. Es reicht oft, *einen* Bass leicht mit einem Gesangsmikro anzustützen (ggf. mit *Oktaver*!?). Der Sänger regelt dann seine Lautstärke selbst, der Verstärker steht im Idealfall direkt nehmen ihm auf der Bühne, so wirkt auch die Schallortung für das Publikum nicht irritierend. Nur ein bisschen! Eine zarte Dosis *bums* untenrum. Mehr nicht.
Der Beatboxer braucht natürlich auch ein Mikro. Die unverstärkte „Naturbeatbox“ klingt zwar auch apart und

MARTIN SEILER

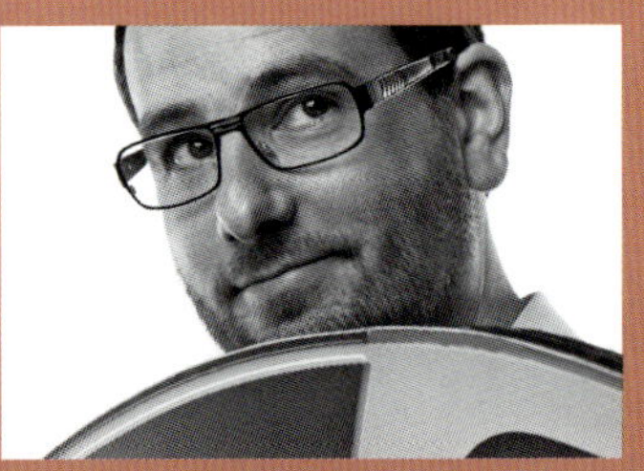

ist seit mehr als 20 Jahren fester Bestandteil der süddeutschen A-cappella-Szene und wurde unter anderem als Gründer, Arrangeur und Sänger mit A-Cappella-Gruppen wie **SixPäck** und **Cash-n-go** bekannt. Neben seiner Live-Tätigkeit sorgte er auch im Fernsehen als Arrangeur und Sänger für die musikalische A-Cappella-Untermalung in der wöchentlichen „allerbesten Sebastian-Winkler-Show". 2011 erfüllte er sich einen langgehegten Wunsch und gründete mit **Greg is Back** einen kompromisslosen Popchor. Greg is Back gewann den internationalen Chorwettbewerb in Budapest, zweimal den Bayerischen Chorwettbewerb und wurde zweiter beim Deutschen Chorwettbewerb 2014 in Weimar. Martin arrangiert alle Stücke für Greg is Back, einige Arrangements sind bei Helbling erschienen. Daneben arbeitet er regelmäßig als freier Coach für Chöre in Deutschland und Österreich.

Das sage ich meinem Chor kurz vor dem Auftritt ... die letzten Worte vor dem Einsatz:
„Denkt dran, nach der Party immer wieder fokussiert sein!"

Daran denke ich beim Schlussakkord eines Stückes:
... meistens schon längst an das nächste Stück bzw. an die Moderation.

Welche A-cappella-Aufnahmen sollte man unbedingt gehört haben:
Swingle Singers, *Wayfaring Stranger;*
muSix, *Heute wie neu!* – Das Album sprüht vor Spaß am A-Cappella-Machen.
The Real Group, *Stämning* – So schön kann ganz pure Vokal-Musik sein.

Ein sachdienlicher Tipp bei rhythmischen Herausforderungen im Chor:
Sprechen, sprechen, sprechen. Bis es selbstverständlich ist. Dann singen :-)
Immer auf eine gemeinsame Basis achten. Dazu kann man zusammen z. B. einen Basis-Tanzschritt machen. Nur wenn man die komplizierten Muster auf eine gemeinsame Basis bezieht, prägen sie sich wirklich ein.

... und einer zur Intonation:
Der größte Fehler bei Intonationsschwächen ist es, immer die Stimmgruppe als GANZE anzusprechen: „Der Alt ist da noch zu tief." Meist erreicht man damit das Gegenteil einer Verbesserung: „Die ‚besten' im Alt versu-

chen eh schon gegenzusteuern, jetzt versuchen sie es noch höher, und die Stimme fällt auseinander." Man muss, um die Intonation nachhaltig zu verbessern, Zugriff auf die einzelnen Sänger haben. Gerne auch einfach mal im Ensemble nach der Chorprobe.

Was bedeutet Groove für dich?

Die richtigen Töne zur richtigen Zeit. Da gibt es nicht viel Spielraum. :-) Groove ist Präzision, sonst nichts.

Meine liebste Einsingübung:

Da fragt man jetzt den Falschen, wir singen uns nicht ein ...

Das macht für mich einen guten Chor aus:

Ernsthaftigkeit wo nötig und Loslassen können wo möglich. Dazu Ausstrahlung, Präzision, Leichtigkeit, ausgewogener Klang über die Stimmgruppen hinweg, Homogenität. Ich möchte keine Einzelsänger heraushören können.

Das macht für mich ein gutes Chorkonzert aus:

Zunächst einmal und oft vernachlässigt: Songauswahl! Viele Chöre singen Arrangements, weil sie einfach da sind. Ich will ein FAN der Songs sein. Nur wenn die Chorsänger von den Songs (und ich meine tatsächlich die Kompositionen, nicht die Arrangements) überzeugt sind, überzeugen sie auch das Publikum. Dazu muss ein gutes Konzert, egal ob Chor oder Band, kurzweilig sein und auch „entertainen"! Dazu ist es mir immer eine Herzensangelegenheit, nicht nur groovy, cool, albern und laut zu sein, sondern auch wirklich ernste Momente im Konzert zu haben. Wenn jemand im Publikum ein Tränchen verdrückt, ist die Chance sehr hoch, dass er zum echten Fan wird.

Das möchte ich singen:

Songs, die die Menschen berühren, faszinieren, aufwühlen, mitreißen. Ich bin eher weniger an Arrangements interessiert, die nur zeigen wollen, was der Chor kann!

Diese drei CDs nehme ich mit auf die einsame Insel:

Stevie Wonder, *Songs in the Key of Life;*
Patent Ochsner, *Gmües;*
The Real Group, *Stämning;*

mischt sich gut im Gesamtklang, wird aber nie einen fetten Bass Drum-Kick haben können.
Je nach Chorgröße kann man auch mit vielen Einzelmikros arbeiten bzw. je zwei Sänger über ein dynamisches Mikro singen lassen. Doch Vorsicht: die Balance, die Mischung liegt nun in der Hand des Mixers. Dieser sollte den Chor, die Einzelstimmen und das Programm kennen! Und er sollte ein gutes Händchen und Öhrchen für diese Art von Musik haben.
Viele Mikros können, gekonnt gemischt, aus dem Chor ein umwerfendes Sounderlebnis machen, aber sie können auch sehr viel zerstören.

Technik vs. Chor-Charme?

Je mehr Mikros auf der Bühne stehen und je mehr Sänger Mikros in der Hand halten, umso mehr verlässt der Auftritt, der Klang und das Bild auf der Bühne die ursprüngliche Choridee. Bedenke: Zuviel Technik kann den Zuschauer auch *abturnen*!

Podeste

Jeder im Chor soll nicht nur zu hören, sondern auch zu sehen sein! Stehen die Sänger auf Lücke? Entspannter geht's in zwei oder sogar mehreren Reihen mit Podesten für die hinteren. 30–40 cm genügen pro Stufe, nicht mehr! Sonst wirkt es unorganisch. Tipp: offene Podeste vorne mit schwarzem *Molton* abkleben. Sonst sieht es schnell unedel und nach Baustelle aus.

Der Mitschnitt

Konzertmitschnitte können grausam sein! Man hatte es doch viel schöner in Erinnerung? Es kommt oft nicht nur auf den Chorgesang, sondern auch auf die Mikrofonie der Aufnahme an. Portable Audiorecorder z. B. von *ZOOM* leisten da wunderbare Arbeit: gutklingende, stimmfreundliche Aufnahmen.
Dennoch: Ob der Chor einen Konzertmitschnitt bekommt oder dieser gar veröffentlicht wird, das sollte in Ruhe nach dem Konzert mit genügend innerem Abstand allein von der Chorleitung entschieden werden.

Der Konzertfilm

Wird das Konzert gefilmt, dann möglichst mit mehreren Kameras (mindestens drei auf Stativen: Totale, links, rechts; wenn möglich eine weitere, geführte Kamera, die abwechselnd Einzelpersonen und Solisten filmt). Es lohnt, den Ton separat aufzunehmen und später anzulegen. Die Qualität der Kameramikros ist meist nicht so gut. Derartige Mitschnitte sind eine tolle Erinnerung und Motivation für den Chor. Und gleichzeitig eine gute Selbstkontrolle.

Bühnenaufbau

Wo steht der Chor, wo stehen die Solisten? Wo findet die Moderation statt? Wohin mit den Mikros? Gibt es Monitorboxen? Verdeckt kein unnötiges Bauteil oder Bühnenelement die Sicht oder lenkt von den Sängern ab? Wie sieht die Bühne zu Beginn des Konzertes, ohne Chor, leer aus?
Auch darüber darf und sollte man sich gestalterisch Gedanken machen. Eine außergewöhnlich und ansprechend aussehende Bühne macht schon beim Reinkommen Lust auf das folgende Konzert.

Lichtplan

Gibt es jemanden, der sich um das Licht kümmert? Dann ist es hilfreich, einen Lichtplan zu schreiben: Der Ablauf mit allen Informationen (Solisten, Choreo, Umbauten) und auch Hinweisen zu den Lichtstimmungen (mystisch, hell, dunkel, am Ende *Black-out*, rot!, Spot auf die Solistin, Disco, am Ende ins Dunkel abblenden, bunt ...).

Technical Rider

Bei Konzerten in größeren Konzerthallen, die eigene Bühnen-, Licht- und Tontechnik(er) haben, sollte man immer einen *Technical Rider* (auch *Stage Rider* oder *TecRider* genannt) schreiben: Bühnenaufbau (wer und was steht wo, am besten als Skizze), Lichtwünsche bzw. -anweisungen und genaue Angaben zur Mikrofonierung und auch zum Monitoring, und falls benötigt Effektgeräte (Hall, Echo).

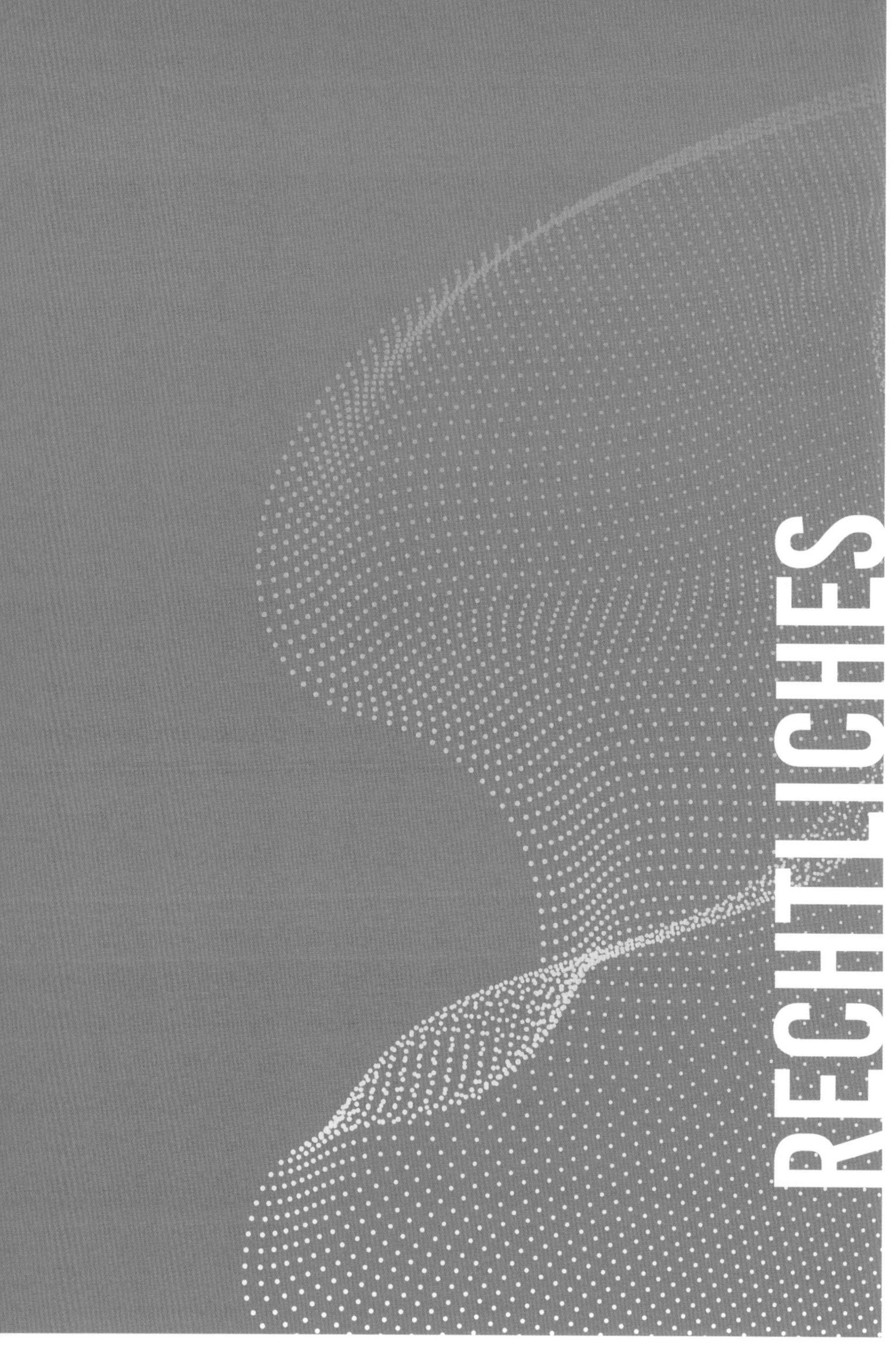
RECHTLICHES

RECHTLICHES

GEMA/AKM/SUISA

Die Gesellschaft für musikalische Aufführungs- und mechanische Vervielfältigungsrechte, kurz GEMA (in Österreich die Staatlich genehmigte Gesellschaft der Autoren, Komponisten und Musikverleger, kurz AKM, in der Schweiz die Genossenschaft der Urheber und Verleger von Musik, kurz SUISA), verwaltet und vertritt die Rechte von Komponisten, Textern und Verlegern. Das entlastet Konzertveranstalter. Denn theoretisch müssten diese ansonsten vor einem Konzert jeden Urheber, also jeden Komponisten und Texter, von denen ein Lied erklingen soll, nach Erlaubnis fragen und mit ihnen individuell eine Tantieme vereinbaren und abrechnen.
Diese Aufgabe übernimmt die GEMA bzw. die Verwertungsgesellschaft Ihres Landes. **Alle Konzerte müssen dort angemeldet werden** und anhand der miteingereichten Liste mit den Informationen über die gespielten Stücke erhalten die Autoren nach einem komplizierten Schlüssel irgendwann anteilig Geld.

Viele Sängerbünde haben günstigere Sonderkonditionen mit den Verwertungsgesellschaften für ihre Chöre ausgehandelt.

Die illegale Chorkasse

Verdient der Chor Geld oder erzielt durch Konzerte Einnahmen, dann muss das dem Finanzamt gemeldet werden. Eine gute, sichere Lösung ist die Gründung eines Vereins.

Kopieren?

Kopieren von gedruckten, verlegten Chornoten untergräbt die Arbeit der Musikverlage und verhindert auf lange Sicht neue, attraktive Veröffentlichungen. Juristisch wird es ähnlich geahndet wie Ladendiebstahl.
Verlage, die aktuelle Popsongs für Chor herausgeben, müssen bei den Originalverlagen die Abdruckrechte erwerben. Das ist meist sehr kostspielig. Nach den Kosten für die Herstellung (Notensatz, Druck, Coverdesign etc.), den Händlerrabatten, Versand, Lagerung, Steuern etc. bleibt vom sog. „Papiergeld", mit dem ein Chorverlag am Ende ja auch etwas verdienen muss, nicht viel übrig. Umso schmerzhafter muss es für einen Verleger sein, wenn er erfährt, dass *eine* ehrlich gekaufte Chornote, auf einem Kopierer *hundertfach* geklont wird.
Ich *werbe* auf meinen Workshops immer darum, nicht zu kopieren. Nicht wegen meiner überschaubaren Autorenbeteiligung beim Notenverkauf, sondern um die Arbeit der Verlage zu respektieren und zu unterstützen. Copy kills music!

Immer nur *Amazing Grace* und *Greensleeves*?

Kompositionen und Texte sind bei uns bis zu 70 Jahre nach dem Tod des Schöpfers geschützt. Alles, was älter ist, wird frei und kostet z. B. einen Chorverlag bei der Veröffentlichung als neues Arrangement keine Abdrucklizenz.
Daher wollen Verlage gerne immer wieder freie Traditionals und Volkslieder herausbringen. Rein aus Kostengründen.
Mittlerweile wird es für die Chorverlage immer schwieriger, Abdruckrechte zu bekommen. Die Luft im Notengeschäft wird dünner, und die Originalverlage wollen

ihre Schätze lieber alleine und selbst heben. Außerdem haben viele aktuelle Popsongs inzwischen mehrere verschiedene Verleger. Jeder Popkomponist hat seinen eigenen kleinen Verlag angemeldet und möchte auch von diesem Kuchen noch ein paar Krümel abbekommen. Das macht die Anfragen nach Abdruckrechten oft kompliziert und langwierig.

Kreative als aussterbende Art?

Komponisten und Texter können immer schwerer allein von ihren kreativen Einfällen leben. Die Streaming-Dienste und Videoportale beteiligen die Schöpfer der von ihnen verkauften Werke mit lächerlichen Anteilen. Die Verkäufe von Tonträgern sind seit langem eingebrochen. Der positive Nebeneffekt: Popmusiker müssen wieder Konzerte geben um Geld zu verdienen und gehen auf Tour. Langfristig könnte die kreative Szene aber schrumpfen, qualitativ und quantitativ, wenn es nicht mehr möglich ist, davon seinen Lebensunterhalt zu bestreiten. Musik hat ihren Wert!

Selber arrangieren?

Logo! Auf jeden Fall! Das macht großen Spaß und es ist immer ein spannender Moment, wenn der eigene Chor die im Kopf, am Schreibtisch, Klavier oder Computer erdachten Noten mit Leben erfüllt.
Aber darf ich das? Ja, solange weder Text noch Melodie verändert wird, spricht man nicht von einer (theoretisch genehmigungspflichtigen) Bearbeitung. Es ist eine Grauzone. Die Urheber der Popsongs wollen mit ihren Schöpfungen u. a. Geld verdienen. Und natürlich werden auch Coverversionen abgerechnet. Daher wird sich rein praktisch ein Komponist seltenst gegen einen Chorsatz seines Stückes wehren. Eher ist es eine Ehre für ihn!
Von Paul McCartneys *Yesterday* z. B. soll es über 3000 Coverversionen auf Platte oder CD geben. Von Gershwins *Summertime,* laut einer Zeitungsmeldung das am meisten gecoverte Stück, angeblich über 40.000. Und natürlich haben die wenigsten dieser Interpreten nach einer Bearbeitungserlaubnis gefragt.
Wir Arrangeure bekommen übrigens nichts ab vom GEMA-Tantiemen-Kuchen. Nur wenn wir eine *Bearbeiter-*

WINNIE BRÜCKNER

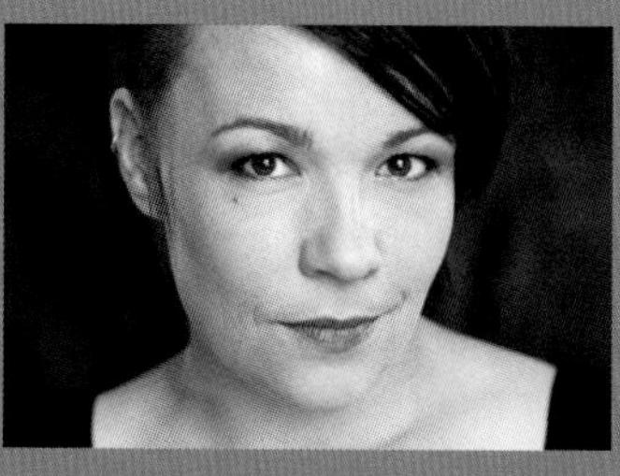

sang als Heranwachsende in diversen Chören und studierte später Jazzgesang in Weimar und Luzern. Sie ist Gründerin und Leiterin des international renommierten Vokalquartetts **niniwe,** und als Solistin in verschiedensten Projekten und Formationen tätig. Konzerte und Tourneen in ganz Europa, Asien und den USA. Winnie unterrichtet an der HfM Weimar sowie an der HdPK Berlin und ist gefragte Dozentin auf A-cappella- und Gesangsworkshops und schreibt viele Arrangements und Stücke für Chor, von denen einige beim Helbling Verlag erschienen sind. Sie lebt in Berlin.

Das sage ich meinem Chor kurz vor dem Auftritt ... die letzten Worte vor dem Einsatz:
„Genießt es!"

Daran denke ich beim Schlussakkord eines Stückes:
Im Idealfall gar nichts – ich lausche und freue mich.

Welche A-cappella-Aufnahmen sollte man unbedingt gehört haben:
Ich steh ja eigentlich nicht auf a cappella, aber aus meiner Sicht outstanding sind: King's Singers, *Christmas* – wahnsinnig toll gesungen, superschöne Arrangements und Kompositionen, sehr schön und natürlich aufgenommen, überhaupt die King's Singers ...
Vocal Line, z. B. *Vocal Stories*, aber die Platten klingen alle gut. Die schaffen es, gut zu produzieren, ohne zu überproduziert zu sein. Gehört haben sollte man außerdem: Die Swingles der letzten Jahre, Rajaton, Real Group, Idea of North, Pentatonix, OnAir, Maybebop, Slixs, Unduzo, niniwe, Cantaloop, Perpetuum Jazzile ... – denn sonst kennt man sich ja überhaupt nicht aus ...
Und außerdem kann man auch mal hören: Monteverdi Choir, Vocalconsort Berlin, Stuttgarter Kammerchor etc. etc. etc. ...

Ein sachdienlicher Tipp bei rhythmischen Herausforderungen im Chor:
Gemeinsam bewegen, zusammen „abspacken" (das kann auch gerne lustig sein) – so lange, bis man es fühlt.

... und einer zur Intonation:
Intonation ist ja immer eine Kombination aus Hören und Kehlkopfspannung. Also erst mal rausfinden, was das Problem ist: Ist z. B. der Alt in der Bruchlage und singt zu „brustig" und ist deshalb immer zu tief? Ist

der Basston nicht stabil genug? Und ansonsten stimmenweise *austunen* – Quinten, Quarten, Optionstöne später dazu, Lautstärkenverhältnisse und Vokalfarben beachten. Wenn es sauber ist, fühlt es sich auch gut an! Dafür kann man ein Bewusstsein schaffen.

Was bedeutet Groove für dich?
Wenn es so sehr *groovt*, dass man nicht anders kann, als von tiefer Freude erfüllt mitzuzappeln ...

Meine liebste Einsingübung:
Lange Töne auf *Aaaaooooaaaa* in *mf* und bequemer Bruststimmenlage. Durch Handauflegen werden die Resonanzräume erkundet: Brustkorb, Kehlkopf, Kiefergelenke, Nasenraum ... Vibriert es da? Kann ich den Klang fühlen?

Das macht für mich einen guten Chor aus:
Wenn ich Menschen auf der Bühne sehe, Sänger und Chorleiter, die beseelt und enthusiastisch und mit Hingabe musizieren; die selbst von dem, was sie tun, berührt sind und so auch ihr Publikum berühren können.

Das macht für mich ein gutes Chorkonzert aus:
In erster Linie, dass es mich berührt. Und dass die Musik gut ist. Aber wenn dazu auch noch echtes Können in puncto Intonation, Phrasierung, Blending etc. kommt, dann bin ich glücklich.

Das möchte ich singen:
Gute Musik.

Diese drei CDs nehme ich mit auf die einsame Insel:
Och nö, diese unmöglich zu beantwortenden Fragen! Gibt es da kein WLan? Also: Miles Davis, *Kind of Blue* – ja, wie trivial, und trotzdem eine der besten und allgemeingültigsten Jazzplatten ever! Radiohead, *In Rainbows* – die bisher tollste Platte der tollsten Band. Das *War Requiem* von Benjamin Britten in der Aufnahme von John Elliot Gardiner, das ist unglaublich schöne und kraftvolle Musik ...

beteiligung beim Originalverlag beantragen und auch genehmigt bekämen. Der Konjunktiv sitzt hier bewusst, denn in der Regel passiert das nie bzw. wird es nicht genehmigt.
Wenn mein eigenes Arrangement veröffentlicht und im Druck erscheinen soll, muss der Verlag, der es verkaufen möchte, beim Originalverlag das Abdruckrecht einholen und erwerben.

Darf ich mir was arrangieren lassen?

Ja! Natürlich kann ich einen Arrangeur bitten, eine Bearbeitung eines Songs ganz nach meinen Wünschen anzufertigen. Dem Chor auf den Leib arrangiert. Chorsätze nach Maß.
Das hilft z. B. bei außergewöhnlichen Besetzungen, oder wenn das Lied für Chor transkribiert partout nicht im Handel auffindbar ist. Alle Arrangeur-Kollegen, die ich kenne, helfen da gern.

Umtexten?

Eine geschützte Melodie (*alle* beteiligten Urheber noch nicht 70 Jahre unter der Erde) umzutexten, z. B. mit einem unterhaltsamen, witzigen Text – man nennt das eine *Kontrafaktur* – bedarf einer Genehmigung. Auch wenn es im Kleinkunstbereich oft und gern gemacht wird, so richtig legal ist es nicht! Natürlich gilt auch hier: Wo kein Kläger, da kein Richter. Und in der Regel werden durch die GEMA-Meldung die Urheber ihr Geld bekommen und hoffentlich zufrieden sein. Aber es gehört eben auch zum hehren Schutzgedanken des Urheberrechts, dass niemand ein Werk eines anderen einfach verändern und im schlimmsten Falle entstellen darf.

Darf ich ein Arrangement verändern?

Ein japanischer Chor fragte unlängst bei mir per Mail an, ob sie die zweite Strophe des Arrangements auch *mf* singen dürften und nicht, wie notiert, *mp*. Und die Genehmigung bräuchten sie schriftlich, da es um einen Wettbewerbsbeitrag ginge.
Das war natürlich überkorrekt! Was nicht passt, wird passend gemacht. Ich finde einen kreativen Umgang mit kreativen Erzeugnissen super! Doch sobald die eigene Bearbeitung das Stück signifikant verändert, muss der

Urheber theoretisch seine Zustimmung geben. Es könnte ja auch entstellt werden. Und auch ein Arrangement ist ein Werk, eine geschützte Idee. Auf jeden Fall sollte im Programmheft oder der Ansage die „eigene Bearbeitung“ benannt werden. Damit kein falscher Eindruck bei den Hörern entsteht.

Eigene Kompositionen schützen?

Eine häufig gestellte Frage ist, wie man einen eigenen Einfall, z. B. eine Komposition „schützen lassen“ kann. Der Schutz einer eigenen Idee ist in Deutschland zum Glück gesetzlich gesichert und somit gewährleistet. Im Fall eines vermuteten Ideen-Diebstahls muss ich als Erfinder nur nachweisen können, dass ich diese Idee, die Melodie oder den Text bereits als Erster hatte. Das geht am besten, wenn eine veröffentlichte Version (CD, verlegter Notendruck, YouTube-Video o. Ä.) mit Datumsangabe existiert.
Möchte ich von meiner Idee auch finanziell profitieren, sollte ich Mitglied in der GEMA oder in der Verwertungsgesellschaft meines Landes sein. Sie vertritt die Rechte der Komponisten, Texter und Verleger. Da jede öffentliche Veranstaltung bei der GEMA lizensiert werden muss und im Idealfall mitsamt den Gebühren eine Liste der dort erklungenen Titel eingereicht wird, kann die GEMA anschließend die Tantiemen an die Urheber verteilen. Das passiert nach einem kompliziert wirkenden Schlüssel und Plan, nebenbei wird sich um einen Ausgleich zwischen sog. „ernster“ und „unterhaltender“ Musik bemüht. Einfach zusammengefasst: E-Musik hat es in der Regel schwerer, da sie seltener gespielt wird als die populäre U-Musik und wird gleichzeitig als musikalisch „gehalt- und wertvoller“ eingestuft und bekommt daher mehr finanzielle Unterstützung. Als Beispiel: Eine zeitgenössische Opernarie gilt bei der GEMA mehr als ein Popsong und bekommt pro Aufführung auch mehr Tantiemen.
Die GEMA-Mitgliedschaft kostet Geld. Ein Beitritt lohnt sich also nur, wenn die eigenen Schöpfungen auch regelmäßig und öfters öffentlich gespielt, gesendet oder auf Tonträgern veröffentlicht werden.

YouTube

Der rechtsfreie Raum?!? Wenn man die Rechte für die Musik nicht besitzt, ist es natürlich auch nicht möglich bzw. legal, den Clip zu *monetarisieren*, d. h. damit Geld zu verdienen.
Aber: Das Filmen und die Veröffentlichung eigener kleiner Videoclips ist viel einfacher als die Herstellung und der Vertrieb einer eigenen Chor-CD. Diese Videoportale sind eine zeitgemäße Form der Selbstdarstellung und Möglichkeit zur Werbung für die Gesangsgruppe.

Medley bzw. Mash-up

Vorsicht, das sind Reizwörter für Verlage! In einem Medley werden mehrere Titel zu einem neuen Song vermischt. Meistens berührt das verschiedene Urheber und verschiedene Verlage! Das ist auf jeden Fall eine Bearbeitung, und die Verlage werden es selten oder nie genehmigen. Spätestens bei einer korrekten GEMA-Meldung hat man ein Problem. Theoretisch können Verlage soweit gehen, dass bereits hergestellte CDs mit nicht-autorisierten Medleys vom Markt genommen werden müssen. In diesem Zusammenhang taucht dann dieses hässliche Wort *einstampfen* auf ...

Gibt's was zu feiern?

Am 16. April ist der WVD, der **World Voice Day**, der internationale Tag der Stimme. Seit 1999 wird hier unser Zentralorgan gefeiert und geehrt, ins Leben gerufen von amerikanischen und europäischen Hals-Nasen-Ohren-Ärzten und Logopäden (mit eigner Internetseite: http://world-voice-day.org). Im Idealfall möge jede Chorprobe ein Stimmfest werden!

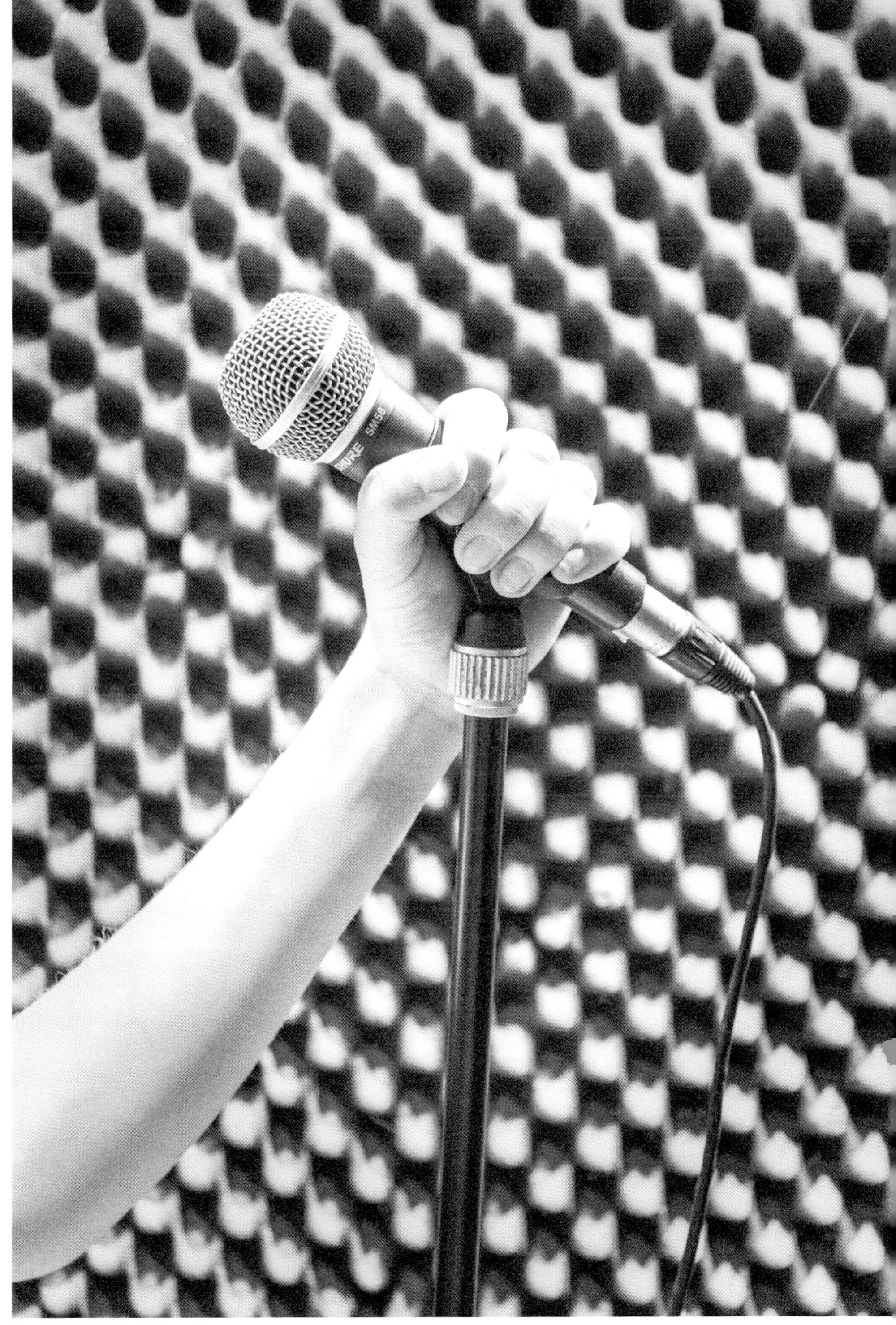
SM58

CARSTEN GERLITZ

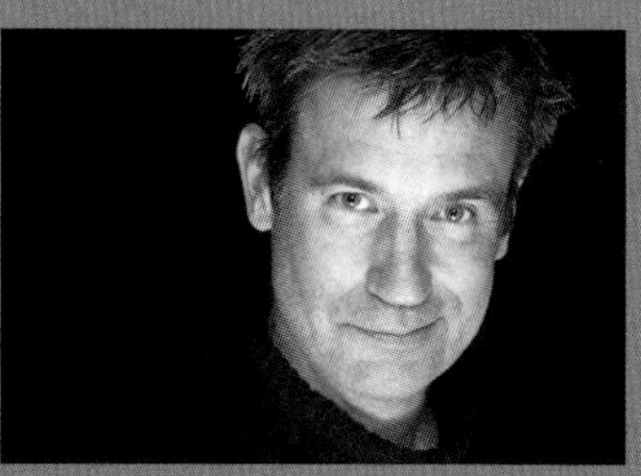

hat sich diese Fragen und das ganze Buch ausgedacht. Nach dem klassischen Musikstudium wechselte er wieder die Seite zum Pop und Jazz. Dass Popchöre cool klingen, grooven und Chorproben effektiv sind und Spaß machen, das ist ihm eine Herzensangelegenheit, und dafür wirbt und workshopt Carsten seit Jahren im deutschsprachigen Raum.

Das sage ich meinem Chor kurz vor dem Auftritt ... die letzten Worte vor dem Einsatz:
Ich erinnere an den Grund, warum wir auf die Bühne gehen und singen: Spaß! „Genießt es!" Und ich erinnere daran, dass das Publikum angesungen wird: „Wehe, mich guckt einer an!"

Daran denke ich beim Schlussakkord eines Stückes:
Wie sage ich das nächste Stück an ... Was singen wir überhaupt danach? Andere Bühnenaufstellung? Props? Tempo? Feeling?

Welche A-cappella-Aufnahmen sollte man unbedingt gehört haben:
Nach wie vor: King's Singers *Beatles' Collection* und *Tribute to the Comedian Harmonists*, natürlich die Real Group (Jazz *und* Pop, das 20-Jahres-Konzert als DVD ... Hammer!), Rajaton, OnAir, Vocal Line. Und unsere deutschen Vocal-Helden: Maybebop, Basta, Unduzo und die vielen tollen jungen Popchöre (z. B. Pop-Up von Anne Kohler), und dann Perpetuum Jazzile, die sollte man auch mal *gesehen* haben. Pentatonix, Bobby McFerrin und einige Openings aus der U.S.-TV-Show *The Sing-Off*. Und zu guter Letzt: Ylvis mit dem YouTube-Clip *A-cappella!*

Ein sachdienlicher Tipp bei rhythmischen Herausforderungen im Chor:
Sprechen und Bewegung! Und den Puls fühlen, notfalls auch mal mit Metronom kontrollieren. In Schleifen (Loops) üben, mit Call & response. Man sieht es den Sängern an, ob sie in Vierteln, Achteln oder gar in 16teln grooven. Irgendein Körperteil muss mitswingen und sich bewegen! Ansonsten sieht es *spooky* aus und *kann* nicht grooven. 16tel-Synkopationen sollte jeder fühlen und genießen können ... regelmäßig üben!

... und einer zur Intonation:
Stützt der Chor genug? Ein Bewusstsein für eine gesunde Sängerspannung und ein Bewusstsein für gute Intonation beim Singen schaffen und sie auch

üben; nicht zu lange (das ist anstrengend!) aber immer mal wieder. Ganz- und Halbtöne, Intervalle und Akkorde gut aushören ...

Was bedeutet Groove für dich?
Wenn alles so auf den Punkt zusammen ist, dass eine neue, ganz eigene Energie entsteht, die mich mitreißt ... dann gibt's kein Halten! Das kann Rhythmus sein, aber auch ein sehr, sehr einheitlicher *Blend* oder ein knackiger Konsonant, crisper Text ist für mich *groovy*. Wenn es irre *tight* ist, setzt mein Gehirn Endorphine frei ... Wunderbar!

Meine liebste Einsingübung:
Flatterlippen
bwwwwwwwwwwwwwww
und dabei summen.

Das macht für mich einen guten Chor aus:
Dass mich der Gesang und der Auftritt berühren. Wenn ich mich entscheiden müsste ...
Das ist mir im Zweifel noch viel wichtiger als saubere Intonation.

Das macht für mich ein gutes Chorkonzert aus:
Lachen, staunen, berührt sein und überrascht zu werden; so, dass ich Zeit und Raum vergesse.

Das möchte ich singen:
Sachen mit Witz, guten Melodien und Texten, farbiger Harmonik und vielen Nonen!

Diese drei CDs nehme ich mit auf die einsame Insel:
Ommadawn von Mike Oldfield, das rote Beatles-Album, Mahlers 2. Sinfonie (die Haitink-Aufnahme mit den Berliner Philharmonikern, da durfte ich mitsingen!) ... auweia, gar keine A-cappella-CD! Oder doch wenigstens *eine* Jazz-Platte? Oder doch *The Darkside Of The Moon*? *Stg. Pepper* ...? Warum nur drei ...? Ups ... wer hat sich diese Fragen ausgedacht?

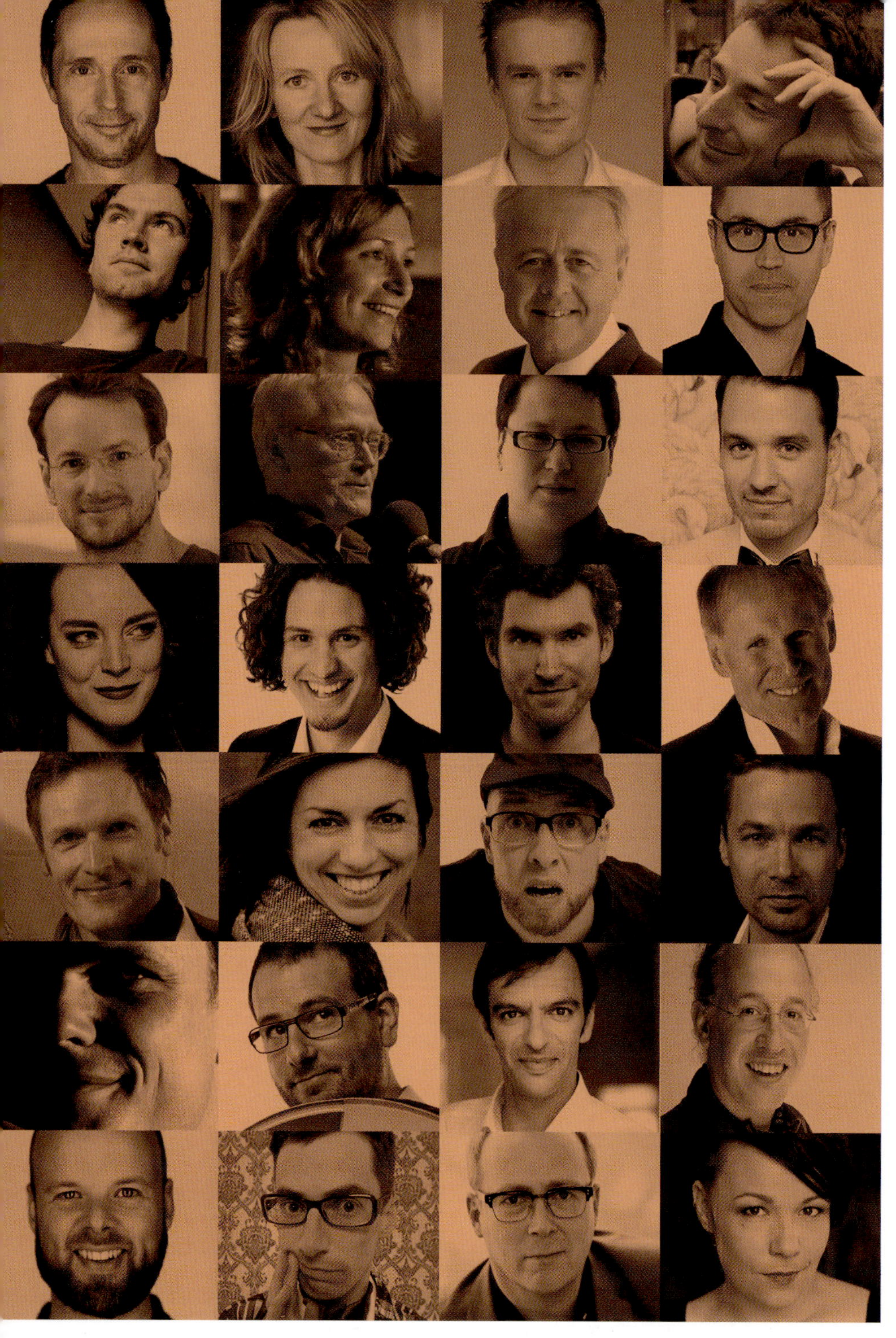

DANK

an all die lieben Kollegen und Freunde, für die vielen netten Gespräche und Mails um das Buch herum und natürlich Dank für die spannenden, motivierenden Antworten! Dank an Anders Edenroth und Morton Vinther von der Real Group, an David Hurley von den King's Singers, Deke Sharon, Jens Johansen, Peder Karlsson und Kirby Shaw – was für eine Ehre! Dank an Olli Gies, du Held! Dank Daniela Bartels, Michael Betzner-Brandt, Jan Bürger, Winnie Brückner, Martin Carbow, Juan M. V. Garcia, Christoph Gerl, Klaus Gramß, Line Groth, Christoph J. Hiller, Bastian Holze, Matthias Knoche, Julian Knörzer, Anne Kohler, Jennifer Kothe, Felix Powroslo, Marc Secara, Martin Seiler, Indra Tedjasukmana und Lukas Teske, auch für das Erinnern an Otto Waalkes' *Wackadack*. Das war 1978! Da wusste noch niemand, wie *Popchor* überhaupt geschrieben wird! Otto rules!

An den Helbling Verlag in Innsbruck, an Markus Spielmann, Thorsten Weber und an Carmen Mühlmann für das wunderbare Lektorat und Dank an die „Esslinger Helblinge" für das Organisieren der unzähligen Chorleiter-Fortbildungen und Workshops: Isolde Holzmann, Steffi Vogel-Botzenhart, Heike Weis und Ralf Schilling. Und Dank an die *Disharmonists*, „meinen" Chor, der seit über drei Jahrzehnten jeden Sonntag mit so viel Spaß und Energie immer wieder nach der etwas anderen Chormusik sucht. Die **Happy Disharmonists**, das sind (von S nach B): Ursula Wagner, Annika Christoph, Janna Siebert, Katrin Gerlitz, Gesa von dem Busche, Stephanie Bugiel, Dani Schaller, Meryem Celik, Susanne Feiten, Franziska Schmalor, Kerstin Kiesel, Irene Wohlfahrt, Ulrich Laudien, David Stauss, Elmar Kraas, Steffen Schaller, Carsten Reck, Michael Rohde, Benedict Goebel, Carsten Briese und Ulrich Blaeser.

Und zuletzt Dank an die Nonen. Wie schön, dass es euch gibt. Ohne euch wär ich vielleicht nicht Musiker geworden. Frei nach Herrn von Bülows Weisheit: Ein Leben ohne Nonen ist möglich, aber sinnlos!

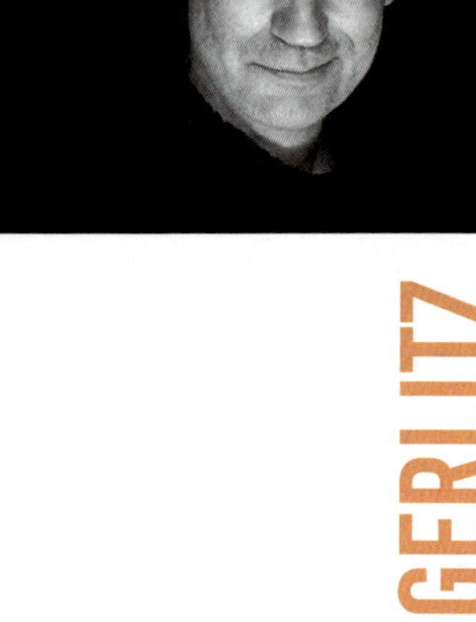

CARSTEN GERLITZ

lebt und studierte in seiner Geburtsstadt Berlin Musik. Er arbeitet als Chorleiter, Musiker, Dozent und als Arrangeur und Autor für verschiedene Verlage. Seine Klavier- und Chorarrangements sind inzwischen in über 250 Publikationen erschienen.

Mit seinen *Happy Disharmonists*, dem angeblich ältesten Pop-Chor Deutschlands, den er seit der Gründung (1985) leitet, bekam er den Berliner Kulturpreis *Bonzo* und veröffentlichte mehrere CDs. Seine *Pop Ballads* erhielten den Deutschen Musikeditionspreis. Für die Niedersächsischen Musiktage erhielt er einen Kompositionsauftrag. Er war mehrfach Musical Director beim Fernsehen, arbeitete als musikalischer Leiter an vielen Theatern in Deutschland und der Schweiz und arrangierte und leitete Shows in Berlin, Stuttgart, Nürnberg, München und Wien. In Zusammenarbeit mit der Stage Entertainment war er mehrfach in Musical-Projekte involviert. Er leitete außerdem den Senioren-Chor des SAT.1-Projekts *Rock statt Rente*.

Carsten arrangierte u. a. für Max Raabe und das Palast Orchester, Reinhard Mey, Ute Lemper, Ernie & Bert, Ralph Siegel, VoXXclub, Pepe Lienhard, die Wise Guys und für das NDR-, das MDR-Orchester, den WDR-Rundfunkchor, den MDR-Kinderchor und die Dresdner Philharmonie.

Er ist zudem regelmäßig als Dozent für Popchorleitung aktiv, unterwegs und coacht Chöre. Zum Thema Popchor erschien 2012 sein Buch *JUST SING IT!* Zu dem Musical *Heiße Zeiten* schrieb und arrangierte er die Musik. Zur Fortsetzung *Höchste Zeit* war er zusätzlich auch Liedtexter. Mit seinen Kindern vertonte er mehrere *Conni*-Abenteuer.